Editora Quatro Ventos
Avenida Pirajussara, 5171
(11) 99232-4832

Todos os direitos deste livro são reservados pela Editora Quatro Ventos.

Proibida a reprodução por quaisquer meios, salvo em breves citações, com indicação da fonte.

Diretor executivo: Raphael T. L. Koga
Editora-chefe: Sarah Lucchini
Coordenação de projeto: Rebecca Gomes
Ariela Lira
Equipe de projeto: Dallila Macedo
Manuella Vieira
Equipe Editorial: Mara Eduarda de Vette Garro
Paula de Luna
Rafaela Beatriz A. Santos
Isabela Bortoliero
Revisão: Eliane Viza B. Barreto
Diagramação: Carolina M. J. Mano
Thalita Vitoria O. Santos
Ilustração: Carolina M. J. Mano
Priscila Tae Endo Garcia
Capa: Lira Lira

Todas as citações bíblicas e de terceiros foram adaptadas segundo o Acordo Ortográfico da Língua Portuguesa, assinado em 1990, em vigor desde janeiro de 2009.

Todo o conteúdo aqui publicado é de inteira responsabilidade do autor.

Todas as citações bíblicas foram extraídas da Nova Almeida Atualizada, salvo indicação em contrário.

Citações extraídas do site *www.bibliaonline.com.br/naa*. Acesso em março de 2021.

1ª Edição: abril 2021
1ª Reimpressão: junho 2023

Ficha catalográfica elaborada por Aline Graziele Benitez – CRB 1/ 3129

Diário devocional: uma caminhada de fé e criatividade / Larissa Estrada ... [et al.]. -- 1. ed. -- São Paulo: Editora Quatro Ventos, 2021.
Outros autores: Luma Elpidio, Priscila Tae, Thays Lessa.

ISBN: 978-65-89806-00-4

1. Cristianismo 2. Deus (Cristianismo) 3.Diários - Aspectos religiosos 4. Fé (Cristianismo) 5. Literatura devocional 6. Moral cristã I. Elpidio, Luma. II. Tae, Priscila. III. Lessa, Thays.

CDD -242
CDU 21-59497

Este diário pertence a:

_____

sumário

Autoras 6
Introdução 9
Por que e como usar 11
Parte 1 • Conhecendo a Deus ....13 a 49

Deus Pai
Paternidade 14
Bondade de Deus 18
Provisão 22

Deus Filho
Salvador 26
Amigo 30
Bom Pastor 34

Deus Espírito Santo
Consolador 38
Conselheiro 42
Capacitador 46

Parte 2 • Construção interna ....51 a 87

Confiando
Cura 52
Pensamentos 56
Descanso 60

Construindo
Comparação 64
Contentamento 68
Raízes 72

Crescendo
Medo 76
Perdão 80
Coração puro 84

Parte 3 · Fruto da caminhada .... 89 a 125

Em relação a Deus

Amor 90
Alegria 94
Paz 98

Em relação a mim

Fidelidade 102
Mansidão 106
Domínio próprio 110

Em relação ao próximo

Paciência 114
Amabilidade 118
Bondade 122

Parte 4 · Cumprindo a missão .... 127 a 163

Posicionamento

Metas 128
Serviço 132
Lutas certas 136

Preparação

Vontade de Deus 140
Ide 144
Unção 148

Missão

Identidade 152
Reino 156
Constância 160

Cartas das autoras 165

Escreva sua carta 171

Considerações finais 175

AUTORAS

LARISSA Estrada

Larissa Estrada é formada em Pedagogia e atuou como coordenadora pedagógica de uma escola na cidade de Joinville por dois anos. Atualmente, dedica-se em tempo integral como auxiliar pastoral na igreja Onda Dura, a qual fundou com seu esposo, Pr. Lipão. De forma prática, ela trabalha discipulando líderes e aconselhando mulheres em sua igreja local. É casada há doze anos, e é mãe do Joshua — que tem onze anos de idade — e do Zion — de oito.

"Ao escrever este livro, meu coração se enche de esperança vinda do Espírito Santo por pessoas que encontrarão alimento para suas vidas na Palavra e, assim, serão transformadas pela verdade de Deus."

@larissaestradaa

LUMA Elpidio

Cantora, compositora e empresária, Luma deixou a graduação em Direito para se dedicar integralmente à carreira musical em 2016, quando lançou o álbum *Liberta-me de mim*. Em 2019, fundou o selo musical Le Music, por meio do qual mentoreia e investe em novos talentos da música *gospel*. Possui uma marca de roupas e produz conteúdo para YouTube e Instagram. Casada com Igor Siracusa, hoje, é parte da Zion Church.

"Ao escrever este livro, sinto-me privilegiada por saber que o que tenho aprendido com Deus incentivará outras pessoas a também desfrutarem do Lugar Secreto. Nesse processo, fui desafiada a manter a disciplina e vencer a procrastinação. Contei com a ajuda do Espírito Santo para inspirar e dar vida às palavras que estavam em meu coração, e fui surpreendida com a fidelidade e o cuidado de Deus em direcionar a criação de cada um dos devocionais."

@lumaelpidio

PRISCILA Tae

:camera: @priscilatae

Priscila Tae Endo Garcia é bacharel em Química Tecnológica e licenciada em Química pela Unicamp. Também é graduada em Teologia pela Faculdade Teológica Sul-Americana (FTSA) e pós-graduada em Aconselhamento Pastoral pelo Instituto de Formação Cristã (IFC).

Trabalha como professora de Química de Ensino Médio e cursinho pré-vestibular em Campinas, desde 1999. Na mesma cidade, ela atua como pastora sênior da Igreja Viva, ao lado de seu marido, Renato Garcia. Faz parte da equipe do Bethel SOZO Brasil e lidera o ministério profético em sua igreja local. Casada há vinte e um anos, tem uma filha chamada Lívia, de treze anos de idade.

"Ao escrever este livro, compartilho, com alegria, algumas descobertas que tive durante meu tempo de devocional, crendo que, da mesma forma que deixei tudo registrado, cada leitora será encorajada a pôr no papel suas histórias com Deus Pai, Jesus e o Espírito Santo."

THAYS Lessa

Thays é *youtuber* e empreendedora digital; cria conteúdos relacionados à moda e criatividade, sempre com um café na mão. Dona do *podcast Café com Lessa*, também é autora dos *e-books: 30 dias de gratidão* e *Vencendo a comparação*. Sua paixão é viajar pelo mundo e influenciar pessoas a criar e viver de forma autêntica.

"Ao escrever este livro, o Senhor me desafiou bastante. Ensinou-me a confiar ainda mais n'Ele e em Seus planos para a minha vida. Cheguei a pensar: "Quem sou eu para que possa escrever para pessoas? Quem sou eu para comunicar sobre o Senhor?". Em geral, enquanto escrevia cada artigo, Deus me ensinava sobre os tópicos e trabalhava, primeiramente, dentro de mim. Agora, eu creio que Ele falará ao seu coração também, para que você possa amadurecer ainda mais na fé."

:camera: @thaysslessa

introdução

Você já deve ter escutado diversas vezes a respeito da importância de construir um relacionamento pessoal com Deus. E, de fato, ela é incontestável, afinal esse é o motivo pelo qual fomos criadas, e isso é mais precioso do que qualquer outra coisa em nossas vidas. No entanto, nesse processo de construção, talvez você encontre alguns fatores de interferência, como a inconstância e a distração. Saiba, porém, que você não está sozinha. O objetivo deste diário é ajudá-la em sua caminhada para conhecer a Deus de forma real e íntima.

Spoiler: você lerá **muito** a Bíblia. Por isso, nossa primeira dica é que você pegue a sua preferida e a deixe pertinho deste livro. Separe também algumas canetas, lápis, giz de cera e até tinta, se quiser. Logo você entenderá que não se trata de uma leitura passiva, mas de uma construção pessoal. Poderá se expressar das formas mais criativas e instigantes neste diário devocional, ao longo de cada página, através do seu envolvimento com a Palavra, com seus registros e tudo aquilo que o Senhor lhe mostrar de modo individual.

Portanto, não há – não há mesmo – mais tempo para perder. Você nasceu para isso, e nada poderá impedi-la de ir mais fundo no conhecimento do único e verdadeiro Deus.

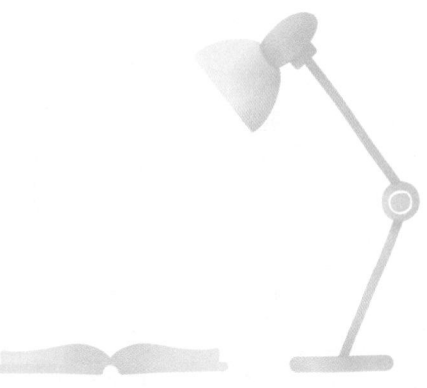

POR QUE E COMO *usar*

 Antes de abrir este livro, peça ao Espírito Santo que guie seus pensamentos a toda a Verdade.

 Leia atentamente os devocionais, ao passo que você desfruta de cada página.

 Abra sua Bíblia em todas as referências indicadas e leia (essa é a etapa mais importante de todas!).

 Tome um momento para se concentrar e ouvir a Deus após a leitura de cada devocional.

 Responda às perguntas propostas com toda sinceridade e prepare-se para ser surpreendida por aquilo que você mesma escreveu.

 Você verá uma folha em branco ao final de cada devocional, na qual poderá deixar sua criatividade fluir a partir de seus novos aprendizados com Deus. Desenhe, rabisque, pinte, cole, escreva... Seja como for, crie! À medida que fizer isso, seu diário se tornará cada vez mais único.

 Seja livre para se expressar e, assim, se descobrir e se reinventar ao longo destas páginas.

PATERNIDADE

Parte 1
Deus Pai

Leia Mateus 7.9-11

Ao pensarmos em Deus como Pai, inevitavelmente partimos da referência que temos: nosso pai terreno. Isso explica por que essa ideia gera a sensação de proteção, segurança, alegria e identidade para alguns, enquanto para outros causa desconforto e desconfiança, além de trazer memórias traumáticas e dores, o que, muitas vezes, leva-os a se afastarem de Deus.

E para você, o que vem à sua mente ao pensar em Deus Pai? Você tem a visão de alguém distante, que está apenas esperando um erro seu para puni-la? Uma pessoa emocionalmente fria?

Nem sempre temos a melhor impressão do nosso Pai celestial já de cara, porém, uma das coisas que mais me impressiona a respeito do Senhor é o quanto Ele é misericordioso. Meu coração se enche de gratidão ao lembrar que estávamos condenados à morte, mas Ele nos adotou como filhos, lavou-nos e nos deu uma nova vida, de modo que agora pertencemos a uma família. Essa é justamente Sua vontade e propósito para nós (cf. Efésios 1.5).

Só que, para isso, precisamos descolar nossa imagem de pai terreno em relação a Deus. Afinal, são figuras extremamente distintas. Mesmo que seu pai natural seja excelente e você o tenha como um super-herói, Deus certamente irá superá-lo de modo incomparável. O Senhor é perfeito, reto e bondoso em tudo o que faz e pensa.

Sendo assim, no processo de construção de nossa intimidade com Deus Pai, é necessário entender e aceitar o fato de que Ele é imutável em Seu caráter e perfeição, e não devemos compará-lO com absolutamente ninguém, mas buscar conhecê-lO por quem Ele realmente é.

A REFERÊNCIA QUE TEMOS DE PAI AQUI NA TERRA TENDE A INTERFERIR EM NOSSA CONCEPÇÃO DE DEUS COMO PAI. MAS, DIFERENTEMENTE DE TODO E QUALQUER SER HUMANO, ELE É BOM, PERFEITO E INIGUALÁVEL, PORTANTO, MUITO MELHOR DO QUE TODO E QUALQUER CONCEITO DE PAI QUE POSSAMOS TER.

DEUS NOS ADOTOU, TORNANDO-NOS PARTE DE SUA FAMÍLIA: NÓS SOMOS SUAS FILHAS E HERDEIRAS!

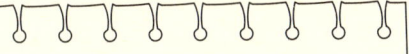

EFÉSIOS 1.5

NOS PREDESTINOU PARA ELE, PARA SERMOS **ADOTADOS COMO SEUS FILHOS,** POR MEIO DE JESUS CRISTO, SEGUNDO O PROPÓSITO DE SUA VONTADE.
(GRIFO DA AUTORA)

TEMOS UM BOM PAI E PODEMOS CONFIAR N'ELE, POIS É JUSTO E FIEL. SEUS PENSAMENTOS SÃO MAIORES QUE OS NOSSOS (CF. ISAÍAS 55.8) E SUA VONTADE É BOA, PERFEITA E AGRADÁVEL (CF. ROMANOS 12.2).

O PRÓPRIO ESPÍRITO CONFIRMA AO NOSSO ESPÍRITO **QUE SOMOS FILHOS DE DEUS.**
(ROMANOS 8.16 - GRIFO DA AUTORA)

podemos, sim, chamá-lo de PAI

[perguntas]

Tire um momento a sós, reflita e responda para si mesma: por que hoje meu relacionamento com Deus ainda não está tão profundo como poderia ser? Por que não consigo avançar para uma experiência de intimidade maior entre Pai e filha?

Todo relacionamento demanda tempo de qualidade e intencionalidade. Estabeleça uma rotina de tempo com Deus e seja fiel a cada atividade que se propuser a fazer, para que se torne um hábito.

bondade de Deus

Parte 1
Deus Pai

Leia Salmos 34.8

Quanto você realmente quer conhecer a Deus? A resposta sincera a tal pergunta determinará todo o seu relacionamento com Ele, pois essa busca demanda uma sincronia entre o nosso interesse pela pessoa de Deus e Sua revelação de Si mesmo a nós.

A Bíblia é a fonte desse conhecimento, uma vez que ela evita que criemos e adotemos uma concepção falsa de quem Ele é, pois nos faz voltar sempre a atenção ao Deus verdadeiro. Talvez, em algum momento, você tenha se "decepcionado" com o Senhor, o que pode acontecer quando ainda não O conhecemos bem e queremos moldá-lO conforme nossos próprios anseios. Mas o fato é que Ele não muda para ajustar-Se a ideias falhas a Seu respeito, e não age de acordo com a justiça humana. Ele é perfeitamente justo e bom.

O problema é que, muitas vezes, enganamo-nos por pensar que a benignidade de Deus está condicionada às nossas circunstâncias presentes, enquanto deveríamos nos apegar ao que Sua Palavra revela. E ela não deixa dúvidas quanto à Sua bondade e amor, especialmente ao expressá-los através do maior evento da história da humanidade: a morte e ressurreição de Cristo (cf. Filipenses 2.8-10).

Nosso Deus e Pai entregou Seu Filho, Jesus, por mim e por você, a fim de nos livrar de toda condenação que nos caberia. Isso é mais do que suficiente para termos a confiança de que Ele é bom. Dessa forma, nossa vida aqui na Terra passará e, com ela, toda dor, maldade, tristeza e doença. Por isso, nossa esperança e alegria não devem estar baseadas em coisas deste mundo, mas em nossa vida eterna ao lado do Pai.

VOCÊ REALMENTE DESEJA CONHECER AO SENHOR? ELE SE REVELA A QUEM O BUSCA.

> VOCÊS ME BUSCARÃO E ME ACHARÃO QUANDO ME BUSCAREM DE TODO O CORAÇÃO.
> (JEREMIAS 29.13)

DEUS NÃO SE MOLDA AO QUE NÓS ESPERAMOS D'ELE, ESTÁ ACIMA DE QUALQUER EXPECTATIVA HUMANA A SEU RESPEITO.

> DEUS DISSE A MOISÉS: – EU SOU O QUE SOU. DISSE MAIS: – ASSIM VOCÊ DIRÁ AOS FILHOS DE ISRAEL: "EU SOU ME ENVIOU A VOCÊS". (ÊXODO 3.14)

E ALGO QUE SUA PALAVRA CONFIRMA QUE ELE É, DE FATO, É BOM.

NOSSO DEUS E PAI PROVA SUA BONDADE AO ENVIAR SEU FILHO PARA MORRER EM NOSSO LUGAR, RECONCILIANDO-NOS COM ELE.

> PROVEM E VEJAM QUE O SENHOR É BOM; BEM-AVENTURADO É QUEM NELE SE REFUGIA. (SALMOS 34.8)

> PORQUE DEUS AMOU O MUNDO DE TAL MANEIRA QUE DEU O SEU FILHO UNIGÊNITO, PARA QUE TODO O QUE NELE CRÊ NÃO PEREÇA, MAS TENHA A VIDA ETERNA. (JOÃO 3.16)

[perguntas]

 Você tem dedicado a melhor parte do seu dia para ler a Palavra de Deus? Se sua resposta é "não", ainda há tempo. Hoje mesmo, estabeleça um plano de leitura, um horário reservado a cumpri-la, e vá até o fim.

bondade bondade bondade bondade bondade

Faça uma lista de agradecimentos, com pelo menos vinte itens, relatando aspectos de sua vida que mostram a bondade de Deus.

1.
2.
3.
4.
5.
6.
7.
8.
9.
10.
11.
12.
13.
14.
15.
16.
17.
18.
19.
20.

Parte 1
Deus Pai

Leia Gênesis 22.7-8

Certa vez, o Senhor prometeu a um casal idoso, Abraão e Sara, que eles gerariam um filho. Ao ouvir aquelas palavras, a esposa riu, pois, considerando sua idade, isso seria humanamente impossível. Contudo, Deus sempre cumpre Suas promessas e, assim, fez com que ela concebesse Isaque.

Depois que o menino havia crescido, o Senhor pediu para Abraão entregá-lo como sacrifício no altar, colocando em xeque a fidelidade de seu coração. Ele, então, prontamente se dispôs a obedecer (cf. Gênesis 22.3). Não é impressionante? A Bíblia não relata que ele reclamou, duvidou ou questionou a bondade de Deus nessa ocasião, mas saiu para oferecer seu sacrifício.

Tenho certeza de que Abraão não fez isso por ser desapegado de seu filho, mas porque havia aprendido a maior lição de sua vida: confiar inteiramente no cuidado de Deus. Também acredito que foi assim que ele conseguiu enfrentar esse momento de ansiedade, medo e desesperança, uma vez que ele conhecia o caráter do Senhor.

Nem sempre teremos os milagres que gostaríamos, mas podemos confiar plenamente em um Deus fiel e imutável. Ele nunca nos desampara, mas cumpre e mantém Suas promessas, assim como fez com Abraão ao lhe dar Isaque e, anos depois, ao prover um cordeiro para ser sacrificado em seu lugar. Vendo que aquele homem estava disposto a sacrificar seu filho, prometido e esperado por tanto tempo, o Senhor encontrou um coração que realmente coloca sua dependência e esperança n'Ele, e é exatamente isso que Deus espera encontrar em cada uma de nós.

ABRAÃO VIU SE CUMPRIR EM SUA VIDA A PROMESSA, TÃO ESPERADA, DE TER UM FILHO COM SUA ESPOSA SARA. MAS ELE NÃO HESITOU EM ENTREGÁ-LO DE VOLTA AO SENHOR QUANDO FOI NECESSÁRIO.

NA MANHÃ SEGUINTE, ABRAÃO LEVANTOU-SE DE MADRUGADA E, TENDO PREPARADO O SEU JUMENTO, LEVOU CONSIGO DOIS DOS SEUS SERVOS E ISAQUE, SEU FILHO. RACHOU LENHA PARA O HOLOCAUSTO E FOI PARA O LUGAR QUE DEUS LHE HAVIA INDICADO. (GÊNESIS 22.3 - GRIFO DA AUTORA)

QUANDO CONHECEMOS A DEUS, ENTENDEMOS QUE PODEMOS DEPOSITAR TODA A NOSSA CONFIANÇA N'ELE, E SEREMOS SUPRIDAS.

E O MEU DEUS, SEGUNDO A SUA RIQUEZA EM GLÓRIA, HÁ DE SUPRIR, EM CRISTO JESUS, TUDO AQUILO DE QUE VOCÊS PRECISAM. (FILIPENSES 4.19)

O SENHOR PROCURA CORAÇÕES VERDADEIRAMENTE ENTREGUES A ELE.

PORQUE, QUANTO AO SENHOR, OS SEUS OLHOS PASSAM POR TODA A TERRA, PARA DAR FORÇA ÀQUELES CUJO CORAÇÃO É TOTALMENTE DELE [...] (2 CRÔNICAS 16.9)

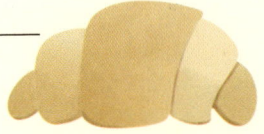

DEUS É O NOSSO PROVEDOR!

O SENHOR CONHECE OS DIAS DOS ÍNTEGROS; A HERANÇA DELES PERMANECERÁ PARA SEMPRE. NÃO SERÃO ENVERGONHADOS NOS TEMPOS DIFÍCEIS E NOS DIAS DA FOME SE FARTARÃO.
(SALMOS 37.18-19)

[desafios]

Faça uma oração a Deus, entregando todas as suas aflições a Ele. Comprometa-se a confiar em Sua bondade, mesmo que as situações de sua vida não sejam resolvidas da forma que você gostaria.

Leia 2 Coríntios 4.16-17 e medite nesse trecho.

Pense sobre a questão: você teme ao Senhor a ponto de Lhe entregar o que Ele pede, e acreditar que Deus trará o sustento necessário para que você veja os desdobramentos de sua obediência?

SALVADOR e salvador

Parte 1
Deus Filho

Leia Efésios 2.8-9

Graça é uma palavra doce e simples, mas expressa algo que, para muitos, é bem difícil de viver. Isso, porque diversas vezes pensamos que Deus Se relaciona conosco da mesma forma que interagimos com outras pessoas, então caímos na terrível pressão de tentar "sustentar a salvação", crendo que quanto mais obras fizermos, maior a chance de sermos salvas.

Observando nossos relacionamentos, percebemos que é comum, por exemplo, fazer algo para uma pessoa quando queremos agradá-la ou ganhar sua confiança. Desde crianças, somos ensinadas que, para merecer coisas, devemos ser "boazinhas" e fazer tudo corretamente. Mas o apóstolo Paulo evidencia que não há nada que possamos realizar para conquistarmos a salvação. É um presente de Deus, dado por Sua doce e irresistível graça!

Sabendo disso, muitos se perguntam: "Se sou salvo pela graça, posso viver em pecado?". A resposta é, definitivamente, **não**! Na verdade, estarmos ou não satisfeitas em viver pecando diz muito a respeito de quem nós somos, pois alguém que nasceu de novo e teve um encontro real com o Senhor já não se conforma com uma vida pecaminosa. Por fazermos parte de um mundo caído, fatalmente iremos pecar, contudo, nossa mentalidade torna-se diferente depois do Novo Nascimento, de modo que não nos acomodamos em permanecer nos velhos hábitos.

Além disso, uma consequência natural de nossa fé é realizar obras que apontam para Cristo, por mais que a nossa salvação não esteja condicionada a isso. E como recebemos esse presente tão precioso pela graça de Deus e fé em Cristo, a resposta mais coerente à tamanha bondade é a nossa inteira obediência e gratidão.

ENCONTRAMOS SALVAÇÃO SOMENTE PELA GRAÇA DE DEUS. E ATRAVÉS DO SACRIFÍCIO DE JESUS CRISTO NA CRUZ SOMOS REDIMIDAS DE NOSSOS PECADOS.

POIS TODOS PECARAM E CARECEM DA GLÓRIA DE DEUS, SENDO JUSTIFICADOS GRATUITAMENTE, **POR SUA GRAÇA**, MEDIANTE A REDENÇÃO QUE HÁ EM CRISTO JESUS, A QUEM DEUS APRESENTOU COMO PROPICIAÇÃO, NO SEU SANGUE, MEDIANTE A FÉ.

(ROMANOS 3.23-25a - GRIFO DA AUTORA)

NÃO PRECISAMOS OFERECER OBRAS AO SENHOR PARA SERMOS SALVAS, MAS, POR CRERMOS N'ELE, BUSCAMOS FAZER O QUE LHE AGRADA.

PORQUE, ASSIM COMO O CORPO SEM ESPÍRITO É MORTO, ASSIM TAMBÉM A FÉ SEM OBRAS É MORTA.

(TIAGO 2.26)

DEPOIS DE RECEBERMOS O NOVO NASCIMENTO, DEVEMOS DEIXAR OS VELHOS HÁBITOS E BUSCAR NOS APERFEIÇOAR, TORNANDO-NOS SEMELHANTES A CRISTO. PARA TANTO, SACRIFICAMOS NOSSA CARNE.

E, ASSIM, SE ALGUÉM ESTÁ EM CRISTO, É NOVA CRIATURA; AS COISAS ANTIGAS JÁ PASSARAM; EIS QUE SE FIZERAM NOVAS.

(2 CORÍNTIOS 5.17)

ASSIM TAMBÉM VOCÊS CONSIDEREM-SE MORTOS PARA O PECADO, MAS VIVOS PARA DEUS, EM CRISTO JESUS.

(ROMANOS 6.11)

[perguntas]

GRAÇA

Você tem dificuldade para aceitar o fato de que nada do que fazemos nos dá direito à salvação? O que muda em nossas vidas quando entendemos isso?

Quando cai em pecado, consegue crer que o Senhor continua amando você?

Seus hábitos e estilo de vida (na frente das pessoas ou quando está sozinha) apontam para aquilo que Deus ama? Suas obras estão à altura de sua fé em Cristo?

Parte 1
Deus Filho

Leia João 11.3

Algo que sempre me impressiona quando leio sobre a vida de Jesus é Sua pessoalidade. Em vários trechos da Palavra, relata-se que Ele estava perto de pessoas. Comia na casa delas, olhava-as nos olhos, curava, e tinha muita facilidade para demonstrar amor a Seus amigos, como fez com Lázaro.

Lázaro era um amigo muito próximo de Jesus, assim como suas irmãs, Marta e Maria, tanto que, diversas vezes, Cristo foi acolhido em sua casa, em Betânia. Imagino que Ele Se sentia à vontade naquele lugar, gosto de pensar até que eles riam, contavam histórias, e assim gastavam tempo juntos. Sempre que leio o capítulo onze de João, meu coração se enche de alegria, pois entendo que o mesmo Jesus, amigo de Lázaro, é também meu amigo.

Além disso, quando leio esse relato de Jesus e Lázaro, posso notar três princípios importantes: o primeiro deles é que o tempo de Deus é diferente do nosso. Quando soube que Lázaro estava doente, Ele Se encontrava longe de Betânia. Contudo, não se apressou para chegar até seu amigo, mas sabia que no tempo certo o ressuscitaria.

Já o segundo princípio está em João 11.20-23. Quando Marta diz que, se Jesus tivesse chegado antes, Lázaro não teria morrido, Ele responde: "Seu irmão irá ressuscitar!". Portanto, quero lembrá-la de que, se Jesus falou, Ele cumprirá.

Por fim, o terceiro princípio está no verso 35, no qual a Palavra diz que Jesus chorou. Ele sente as dores de Seus amigos, porque é um Deus de perto, que está conosco nos momentos em que ninguém mais está. Podemos confiar que Ele sempre nos consolará, abrigará, abraçará e ouvirá nossos lamentos. Jesus é o nosso melhor amigo.

SOMOS CHAMADAS DE AMIGAS PELO PRÓPRIO JESUS.

VOCÊS SÃO MEUS **AMIGOS** SE FAZEM O QUE EU LHES ORDENO. JÁ NÃO CHAMO VOCÊS DE SERVOS, PORQUE O SERVO NÃO SABE O QUE O SEU SENHOR FAZ; MAS TENHO CHAMADO VOCÊS DE AMIGOS, PORQUE TUDO O QUE OUVI DE MEU PAI EU LHES DEI A CONHECER.
(JOÃO 15.14-15 - GRIFO DA AUTORA)

3 PRINCÍPIOS SOBRE JESUS, O NOSSO AMIGO E IRMÃO:

1° SEU TEMPO É PERFEITO, E PODE SER DIFERENTE DO QUE ESPERAMOS.

TUDO TEM O SEU TEMPO DETERMINADO, E HÁ TEMPO PARA TODO PROPÓSITO DEBAIXO DO CÉU. (ECLESIASTES 3.1)

2° ELE É FIEL PARA CUMPRIR COM O QUE DIZ.

GUARDEMOS FIRME A CONFISSÃO DA ESPERANÇA, SEM VACILAR, POIS QUEM FEZ A PROMESSA É FIEL. (HEBREUS 10.23)

3° ELE ESTÁ SEMPRE DISPOSTO A SE FAZER PRESENTE EM TODOS OS MOMENTOS DE NOSSAS VIDAS.

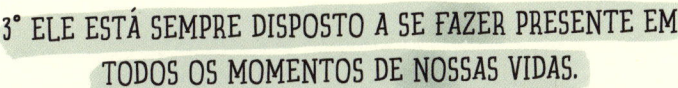

[...] O SENHOR ESTÁ COM VOCÊS, ENQUANTO VOCÊS ESTÃO COM ELE. SE O BUSCAREM, ELE SE DEIXARÁ ACHAR; MAS, SE O DEIXAREM, ELE TAMBÉM OS DEIXARÁ. (2 CRÔNICAS 15.2)

DEUS É O NOSSO REFÚGIO E FORTALEZA, SOCORRO BEM PRESENTE NAS TRIBULAÇÕES. (SALMOS 46.1)

[desafios]

Volte um pouquinho no tempo e lembre-se de sua história. Tente identificar se existe algo que fez com que você pensasse que Deus pode não ser um amigo próximo.

_____
_____
_____
_____
_____

Agora mesmo, tenha um momento de oração, isto é, uma conversa com um Amigo que a ama muito. O que você tem para Lhe falar?

_____
_____
_____

Pense: o que você já ouviu de Deus? Quais promessas você já leu nas Escrituras e sentiu vontade de viver? Jesus é um amigo que cumpre Sua palavra e não mente. Confie nisso.

_____
_____
_____
_____

BOM PASTOR

Parte 1
Deus Filho

Leia Salmos 23

O capítulo 23 de Salmos é um dos trechos das Escrituras mais lidos e conhecidos. Só que, muitas vezes, por ser tão frequentemente repetido e muito utilizado em pregações, podemos acabar interpretando-o de forma errada e, como consequência, não entender suas riquezas.

Observando de modo superficial, temos a impressão de que foi escrito a partir da visão de uma ovelha (animal de quatro patas). Mas, por uma perspectiva espiritual, percebemos que são promessas e testemunhos de uma pessoa que sabia sua identidade de filho de Deus, que nasceu de novo e pertence à família do Pai.

Logo no começo do salmo, está escrito que, por causa do nosso Senhor, não nos faltará nada. Então, eu lhe pergunto: você, de fato, confia em seu Senhor? Nem sempre é fácil quando as circunstâncias estão difíceis, mas aqui está um ponto-chave para o nosso entendimento: "nada irá nos faltar". Isso não significa que aflição, medo, perda, doença ou dificuldade financeira não nos atingirão, e sim que, mesmo em meio a tudo isso, Ele não nos deixará desamparadas.

Perceba que, nessa mesma passagem, afirma-se que o Senhor renovará nossas forças. Ou seja, há momentos em que estaremos desgastadas. Também está escrito sobre andarmos pelo vale sombrio da morte (passar por momentos terríveis de desespero) e de termos inimigos. Isto é, enquanto estivermos neste mundo passaremos por tempestades, como Jesus afirma em João 16.33. Mas nós, filhas de Deus, podemos manter a esperança de que temos o Bom Pastor, em quem encontramos descanso, que nos guia pelo caminho da justiça e se faz presente em nossas vidas, porque Sua bondade e amor nos seguirão eternamente.

VOCÊ TEM O SENHOR COMO SEU PASTOR, AQUELE QUE PROTEGE SUA VIDA, CUIDA DE SEUS DIAS E DIRECIONA SEUS PASSOS?

O SENHOR É O MEU PASTOR; NADA ME FALTARÁ. ELE ME FAZ REPOUSAR EM PASTOS VERDEJANTES. LEVA-ME PARA JUNTO DAS ÁGUAS DE DESCANSO; REFRIGERA-ME A ALMA. GUIA-ME PELAS VEREDAS DA JUSTIÇA POR AMOR DO SEU NOME.
(SALMOS 23.1-3)

TEREMOS AFLIÇÕES ENQUANTO VIVERMOS NESTA TERRA, MAS, EM JESUS, ENCONTRAMOS DESCANSO.

– VENHAM A MIM TODOS VOCÊS QUE ESTÃO CANSADOS E SOBRECARREGADOS, E EU OS ALIVIAREI.
(MATEUS 11.28)

QUEM BUSCA AO SENHOR É REPLETO DE ESPERANÇA, PORQUE ELE É BOM, E SEU AMOR DURA PARA SEMPRE.

[...] O SENHOR É BOM PARA OS QUE ESPERAM NELE, PARA AQUELES QUE O BUSCAM.
(LAMENTAÇÕES 3.25)

DEEM GRAÇAS AO SENHOR, PORQUE ELE É BOM, PORQUE A SUA MISERICÓRDIA DURA PARA SEMPRE. (SALMOS 136.1)

[perguntas]

> Você se considera uma "ovelha" que está junto ao seu Pastor ou distante d'Ele? Responda com sinceridade para você mesma: como está, neste momento, seu relacionamento com Deus?

Leia agora mesmo Salmos 23 em voz alta e, se puder, cole esse texto em algum lugar bem visível, para que você nunca se esqueça dessa verdade.

A característica natural da ovelha que está no pasto, confiando em seu pastor, é a serenidade e a tranquilidade, enquanto o desespero e a ansiedade indicam o comportamento de uma ovelha que se perdeu do seu pastor. Qual dessas descrições se encaixa melhor em como você se encontra hoje?

CONSOLADOR

Parte 1
Deus
Espírito Santo

Leia João 14.16-17

Imagine que você estava levando uma vida sem propósito e sem esperança, apenas sobrevivendo, dia após dia, enquanto esperava a morte chegar. Então, inesperadamente, deparou-se com o Filho de Deus encarnado, e Ele escolheu investir em você, ensinando-a ao longo de todos os anos que passou ao seu lado. Você O conheceu e andou com Ele, e assim ganhou uma nova vida e um propósito.

Foi exatamente isso que os discípulos viveram com Jesus. Eu fico pensando em como eles se sentiam ao lado do Mestre. Talvez fosse gratidão, amor e honra... Creio até que tinham a sensação de que Ele estaria sempre ali, pessoalmente, em carne e osso. Mas, de repente, um cenário de perseguição — conforme as profecias do Antigo Testamento prediziam — começou a ser revelado, apontando para a missão de Cristo na Terra, a qual incluía Sua morte. Então Ele explicou aos discípulos o que estava acontecendo e prometeu que, mesmo após Sua ascensão aos Céus, eles não seriam abandonados, porque o Consolador viria.

Hoje, nós não temos o privilégio de segurar a mão de Jesus e viver ao Seu lado fisicamente, mas a verdade de que não seríamos abandonadas permanece real, mais até do que o ar que respiramos. Por isso, ainda temos o perfeito Consolador, que jamais pecou, nunca chega atrasado, ama-nos incondicionalmente e não falha: o Espírito Santo de Deus. Ele habita em todo aquele que entregou a vida ao Senhor, logo, podemos desfrutar de Sua companhia, consolo e doce presença.

deixo
com vocês a
PAZ,
a minha
paz
lhes dou [...]

João 14.27

[desafios]

Traga à memória um momento em que o Espírito Santo consolou você, quando ninguém mais conseguiu lhe trazer esperança, e registre o que sente em seu coração.

Compartilhe o que você registrou no item anterior com alguém, para que isso seja um testemunho do que Ele fez, e, assim, Deus seja glorificado através de sua vida.

CONSELHEIRO
conselheiro

Parte 1
Deus
Espírito Santo

Leia João 14.21

Se amamos alguém, necessariamente demonstramos isso com as nossas atitudes. Quem tem filhos, cuida deles e os protege; os casados servem e se dedicam a seus cônjuges, enquanto os apaixonados também fazem de tudo para mostrar o que sentem à pessoa amada. E é justamente isso que se espera do amor: que não seja manifestado apenas por palavras, mas por meio de nossas ações.

Mas o interessante é que esse princípio vai além das nossas expectativas, ele também é expresso na Bíblia quando Jesus declara a Seus discípulos que quem ama a Deus obedece aos Seus mandamentos. Não fazemos isso para tentar barganhar com o Senhor, pensando que determinadas atitudes nos fariam receber algo, mas Lhe obedecemos porque, dessa forma, mostramos nossa confiança n'Ele ao ponto de nos submetermos às Suas direções. Quem conhece a Deus entende que, se Ele nos pede algo, é porque sabe o que é melhor para as nossas vidas.

É por isso que, quando Cristo esteve na Terra, ensinou Seus seguidores a viverem conforme os propósitos do Pai. Tudo para que, não somente Seus discípulos que vemos na Bíblia, mas todos nós pudéssemos ter acesso às verdades que nos levam à salvação e a um relacionamento com Deus. Até então, Ele mostrava o que devemos fazer através de Seu exemplo e de Suas palavras, mas, ao subir aos Céus, deixou conosco o Conselheiro para guiar nossos passos.

Através do Espírito Santo, somos direcionadas a tomar decisões corretas, isto é, de acordo com a vontade de Deus. Ele nos lembra das palavras contidas nas Escrituras quando estamos com medo ou ansiosas, aconselha-nos diante das adversidades e nos leva à santidade. Você ama a Deus? Guarde os conselhos do Espírito Santo e pratique-os todo dia.

nossa **OBEDIÊNCIA** a Deus expressa a CONFIANÇA que temos n'Ele

[desafios]

Leia João 16.1-15 e medite nessa passagem.

Responda para você mesma: com que frequência eu tenho escutado os conselhos do Espírito Santo? Tenho levado a sério o que Ele me diz?

CAPACITADOR

Parte 1
Deus
Espírito Santo

Leia João 15.5

Para realizarmos qualquer tarefa importante, precisamos estar devidamente habilitadas. Caso contrário, é provável que não sejamos bem-sucedidas. Se, por exemplo, um médico for executar uma cirurgia cardíaca em alguém, é crucial que ele tenha conhecimento teórico e prático sobre aquele tipo de operação.

Esse parece ser um pressuposto básico para diversas áreas de conhecimento, mas, quando se trata da atuação no Reino de Deus, muitos são tentados a acreditar que podem fazer as coisas como bem entendem, tentando cumprir seus respectivos chamados sem contar com a capacitação adequada, isto é, a que vem do Espírito Santo. É claro que o resultado disso é o fracasso na frutificação (cf. João 15.5b).

Nesse sentido, o apóstolo Paulo explica que precisamos ser cheios do poder de Deus para realizarmos Suas obras aqui na Terra (cf. 1 Coríntios 12.7-11). A grande pergunta é: será que realmente entendemos a profundidade disso? Temos buscado no Senhor a aptidão necessária para cumprirmos Seus propósitos? Ele é quem nos chama e capacita, a Ele também devemos devolver toda a glória, pois somos apenas como barro em Suas mãos; e é o Oleiro que nos prepara e usa conforme Sua doce e perfeita vontade.

Assim, aquele que entregou a vida a Cristo já não pertence mais a si mesmo. Da mesma maneira que Ele Se doou por completo na cruz, quem O reconhece como Senhor deve também estar totalmente disposto a cumprir o que Ele ordena. Desse modo, que a nossa maior busca seja por capacitação divina para o pleno cumprimento das obras que Deus planejou fazer em nós e através de nós.

> DEPENDEMOS DO SENHOR PARA REALIZAR AS OBRAS QUE ELE DESIGNOU PARA NÓS.

E AOS QUE PREDESTINOU, A ESSES TAMBÉM CHAMOU; E AOS QUE CHAMOU, A ESSES TAMBÉM JUSTIFICOU; E AOS QUE JUSTIFICOU, A ESSES TAMBÉM GLORIFICOU. QUE DIREMOS, ENTÃO, À VISTA DESTAS COISAS? SE DEUS É POR NÓS, QUEM SERÁ CONTRA NÓS?
(ROMANOS 8.30-31)

> É O ESPÍRITO SANTO QUEM NOS CAPACITA PARA EXPANDIRMOS O REINO DE DEUS NA TERRA.

A MANIFESTAÇÃO DO ESPÍRITO É CONCEDIDA A CADA UM VISANDO UM FIM PROVEITOSO.
(1 CORÍNTIOS 12.7)

> VIVEMOS PARA O SENHOR, E DEPENDEMOS APENAS D'ELE.

LOGO, JÁ NÃO SOU EU QUEM VIVE, MAS CRISTO VIVE EM MIM. E ESSE VIVER QUE AGORA TENHO NA CARNE, VIVO PELA FÉ NO FILHO DE DEUS, QUE ME AMOU E SE ENTREGOU POR MIM.
(GÁLATAS 2.20)

[desafios]

Reflita: você se sente capacitada pelo Espírito Santo para atuar em alguma área da sociedade?

sim

Se a sua resposta for "SIM", o desafio é que, ainda nesta semana, você exerça esse dom na vida de alguém.

não

Se hoje você não se vê capacitada para realizar a obra de Deus em nenhuma área, faça uma oração expressando sua vontade de ser usada por Ele.

CONSTRUÇÃO *interna*

POR: PRISCILA TAE

cura

Parte 2
Confiando

Leia Mateus 5.4

Por várias vezes, em minha infância, eu caí e ralei o joelho. Quando isso acontecia, eu já sabia que teria de lavar, desinfectar, passar remédio e pomada cicatrizante naquele machucado; e chorava só de pensar no tanto que esse processo seria doloroso.

De forma parecida, passamos por situações que ferem nossa alma ao longo da vida; seja a perda de alguém (por morte ou separação), palavras de maldição recebidas, rejeição ou brigas. E quando sofremos com algo desse tipo, muitos dizem que "o tempo é o melhor remédio". Contudo, percebi que isso não é verdade, pois, sem o devido cuidado, essas feridas se transformam em amarguras, que perturbam e contaminam nossas almas (cf. Hebreus 12.15).

Então, quando somos machucadas, temos de decidir nos submeter ao processo de "limpeza e desinfecção", isto é, perdoar as pessoas que nos feriram e confessar os sentimentos maus que podem ter surgido, como raiva, desejo de vingança, autocomiseração e vitimismo. Essa parte costuma doer bastante, pois quebra nosso senso de autojustiça e nosso orgulho. E é justamente por isso que só é possível passar por ela permanecendo na presença de Deus.

Em seguida, aplicamos o "remédio": quando temos a felicidade de poder encostar a cabeça no ombro de Jesus, receber consolo do Espírito Santo e conforto no colo de Deus Pai.

Depois disso, aí sim o tempo poderá colaborar com nossa cura, como um aliado. Esse é o processo da cicatrização, quando as feridas abertas já foram tratadas, vão deixando de doer aos poucos e se tornam lindas histórias. Portanto, tenho para mim que o melhor remédio não é o tempo, mas nosso encontro com Jesus em meio à dor e o fato de sermos consoladas e fortalecidas por Ele.

O melhor **REMÉDIO** não é o tempo, mas o nosso **encontro** C·O·M · J·E·S·U·S em meio à dor e o fato de sermos CONSOLADAS & FORTALECIDAS por Ele

[desafios]

Tome um tempo para orar e pergunte ao Espírito Santo se há ainda alguma "ferida aberta" em seu coração.

_____
_____
_____
_____
_____

O que você precisa confessar a Deus ou Lhe entregar para que sua ferida seja "limpa e desinfectada"?

Há alguém que você precisa perdoar? Escute a voz do Senhor que irá ajudá-la a identificar se há alguma amargura, então libere de seu coração as pessoas que a feriram.

_____
_____
_____
_____
_____

pensamentos

Parte 2
Confiando

Leia Romanos 12.2

É bem comum passarmos por problemas ou situações difíceis em nossas vidas, mas o pior é quando isso nos leva a acreditar que somos pessoas derrotadas, causando decepção ou frustração. Afinal, esse é o oposto do que Deus tem em mente a respeito de quem nós somos e de nosso futuro.

Tanto é verdade que, em Jeremias 29.11, a Palavra afirma que os pensamentos do Senhor por nós são de paz, e não de mal, além de serem maiores que os nossos (cf. Isaías 55.9). E isso independe de circunstâncias terrenas, uma vez que elas são passageiras (cf. 2 Coríntios 4.18), e Deus não muda.

No entanto, é impressionante como o Diabo não perde a oportunidade de nos importunar trazendo sugestões malignas à nossa mente. Ele sussurra em nossos ouvidos concepções distorcidas da realidade, a fim de gerar medo, comparação, raiz de rejeição e amargura. Tudo para nos fazer pensar de forma negativa e afetar nossas atitudes. É justamente nessas ocasiões que devemos renovar nossa mente em Deus, isto é, discernir quais pensamentos vêm do Senhor e quais, do Inimigo.

Feita essa distinção, podemos então trocar a nossa perspectiva lançando de volta ao Inferno tudo o que é falso e maléfico, e nos submetendo à realidade dos Céus (cf. Colossenses 3.2). Assim, deve permanecer em nós apenas aquilo que é verdadeiro, honesto, justo, puro, amável, de boa fama, virtuoso e louvável (cf. Filipenses 4.8). De fato, precisamos nos apegar à verdade de que nós temos a mente de Cristo (cf. 1 Coríntios 2.16), e nada que contrarie Seus pensamentos por nós terá poder para nos confundir ou paralisar.

Apegue-se à verdade de que você tem a mente de Cristo

[perguntas]

O que tenho pensado a meu respeito?

Quais dos meus pensamentos estão alinhados com a mente de Cristo, e quais não estão?

_____
_____
_____
_____
_____

Quais pensamentos tóxicos preciso deletar da minha cabeça? Apague todas as mentiras da sua mente e substiua com as verdades que a Bíblia diz a seu respeito.

DESCANSO
descanso

Parte 2
Confiando

Leia Gênesis 2.2

Por diversas vezes, eu me senti extremamente cansada, mesmo com um ritmo de trabalho tranquilo, uma rotina leve e ótimas noites de sono. Tinha a impressão de que uma mistura de canseira, murmuração e irritação tomavam conta de mim. Dormir ou ficar sem fazer nada não resolviam meu problema. Percebi, então, que se tratava de um cansaço interno, em minha mente e alma, e tive de buscar em Deus novas formas de descansar.

Para isso, consultei a Parábola dos Talentos em Mateus 25.14-30. Segundo a história, foram os servos bons e fiéis que encontraram descanso quando o patrão retornou. Cada um dos trabalhadores havia recebido uma quantidade de talentos correspondente ao que eles poderiam realizar. Os que se mostraram fiéis com o que tinham em mãos foram honrados e desfrutaram de um descanso que o seu senhor lhes proporcionara.

Mas, ao contrário do princípio que encontramos nessa parábola, tenho reparado que é bem comum traçarmos metas gigantescas e, quando não conseguimos cumpri-las, acabamos frustradas e negligenciamos até as pequenas tarefas e responsabilidades que poderíamos ter realizado. Contudo, quando somos fiéis "no pouco", colhemos resultados que nos enchem de alegria e satisfação, experimentamos o próprio Deus nos colocando sobre coisas grandiosas e, ao mesmo tempo, trazendo descanso para nós.

Isso, porque descansar é uma necessidade nossa, e deve ser parte de nosso estilo de vida. Até o próprio Deus fez isso depois de criar a Terra. Entretanto, por mais que muitos relacionem o descanso à preguiça, comodismo e ociosidade, o verdadeiro repouso em nosso interior ocorre quando confiamos no Senhor e desenvolvemos fidelidade, humildade, mansidão e maturidade através de Seu poder operando em nós.

ENCONTRAMOS DESCANSO QUANDO:

SOMOS **HUMILDES** E **MANSAS** COMO JESUS.

– VENHAM A MIM TODOS VOCÊS QUE ESTÃO CANSADOS E SOBRECARREGADOS, E EU OS ALIVIAREI. TOMEM SOBRE VOCÊS O MEU JUGO E APRENDAM DE MIM, PORQUE SOU MANSO E HUMILDE DE CORAÇÃO; E VOCÊS ACHARÃO DESCANSO PARA A SUA ALMA. (MATEUS 11.28-29)

SOMOS **FILHAS MADURAS**. CONFORME AMADURECEMOS, APRENDEMOS A ENTREGAR TUDO A ELE, DE FORMA QUE PODEMOS DESCANSAR, DORMIR E SONHAR.

OS FILHOS E AS FILHAS DE VOCÊS PROFETIZARÃO, OS SEUS VELHOS SONHARÃO, E OS SEUS JOVENS TERÃO VISÕES. (JOEL 2.28b)

ESTAMOS POSICIONADAS NO **CENTRO DA VONTADE DE DEUS** E **ESPERAMOS** POR SEU TEMPO. MUITAS VEZES, NÓS NOS CANSAMOS POR AGIRMOS FORA DE HORA, LUTANDO EM GUERRAS NAS QUAIS DEUS NEM PEDIU PARA QUE ENTRÁSSEMOS.

ESPERE NO SENHOR E ANDE NOS SEUS CAMINHOS; ELE O EXALTARÁ PARA QUE VOCÊ HERDE A TERRA; VOCÊ VERÁ QUANDO OS ÍMPIOS FOREM EXTERMINADOS.

(SALMOS 37.34 - GRIFO DA AUTORA)

[perguntas]

O que está deixando você cansada neste momento?

Você tem sido fiel com as pequenas coisas que estão sob sua responsabilidade?

Existe algo que você tem feito e está lhe trazendo sobrecarga? Realinhe todas as suas tarefas de acordo com a direção do Espírito Santo para saber quando fazer cada coisa, e o que deve ou não ser realizado.

COMPARAÇÃO

Parte 2
Construindo

Leia 2 Timóteo 1.7

Todas nós já sabemos que um dos maiores inimigos de nosso desenvolvimento é a comparação. Isso, porque ela nos faz ter uma percepção totalmente distorcida da realidade. Quando nos comparamos, nós nos sentimos inferiores aos outros, o que nos leva à baixa autoestima, autocomiseração, murmuração e covardia; ou acreditamos ser superiores, enchendo-nos de orgulho, arrogância e desprezo pelos demais. Fora isso, podemos pensar que estamos no mesmo nível que outra pessoa e acabar nos acomodando.

Inclusive, em certo momento, o próprio povo de Israel caiu em comparação. Eles já estavam há quatro décadas peregrinando pelo deserto, só que Deus havia prometido que os levaria a uma terra que mana leite e mel. Porém, ao espiarem essa nova terra, viram que lá havia gigantes e sentiram-se como gafanhotos perto deles, quase desistindo da promessa divina. No entanto, apesar da aparente desvantagem, a história nos conta que o Senhor veio com Seu poder e os levou a conquistar o que fora prometido, apesar das fraquezas e limitações deles (cf. Números 13 e 21).

Mas, então, como vencer a comparação? O amor e a moderação são fundamentais para isso. Afinal, quem ama consegue se alegrar e celebrar as vitórias de outros (cf. Romanos 12.15), em vez de menosprezá-las. E, com equilíbrio, temos um conceito sensato sobre nós mesmas, o que nos traz alegria, satisfação e humildade. Dessa forma, somos capazes de identificar nossas falhas e incapacidades, procurando maneiras de nos aperfeiçoarmos; e também podemos reconhecer nossas qualidades e habilidades com gratidão, entendendo que tudo vem de Deus, e somente para Ele deve ser entregue toda a glória.

A COMPARAÇÃO SEMPRE NOS LEVA A SENTIMENTOS NEGATIVOS. UM EXEMPLO DISSO SE DEU QUANDO COMPARARAM DAVI COM SAUL.

SAUL SE INDIGNOU MUITO, POIS ESTAS PALAVRAS LHE DESAGRADARAM EM EXTREMO. ELE DISSE: – PARA DAVI ELAS DERAM DEZ MILHARES, MAS PARA MIM APENAS MILHARES. NA VERDADE, O QUE LHE FALTA, A NÃO SER O REINO? DAQUELE DIA EM DIANTE, SAUL NÃO VIA DAVI COM BONS OLHOS.

(1 SAMUEL 18.8-9)

É NECESSÁRIO TER CUIDADO PARA JAMAIS EXALTARMOS A NÓS MESMAS ACIMA DE UMA PERCEPÇÃO SENSATA DA REALIDADE.

DIGO A VOCÊS QUE ESTE DESCEU JUSTIFICADO PARA A SUA CASA, E NÃO AQUELE. PORQUE TODO O QUE SE EXALTA SERÁ HUMILHADO; MAS O QUE SE HUMILHA SERÁ EXALTADO.

(LUCAS 18.14)

SOMOS DIFERENTES E ÚNICAS, MAS O MESMO ESPÍRITO HABITA EM NÓS.

POIS, EM UM SÓ ESPÍRITO, TODOS NÓS FOMOS BATIZADOS EM UM SÓ CORPO, QUER JUDEUS, QUER GREGOS, QUER ESCRAVOS, QUER LIVRES. E A TODOS NÓS FOI DADO BEBER DE UM SÓ ESPÍRITO.

(1 CORÍNTIOS 12.13)

[perguntas]

Quais sentimentos vêm à tona quando você se compara com alguém?

Quais limitações você percebe que precisa ultrapassar?

Como você costuma reagir diante de suas

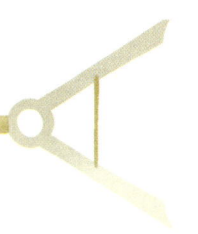

LIMITAÇÕES

&

QUALIDADES?

CONTENTAMENTO
contentamento

Parte 2
Construindo

Leia Provérbios 14.30

Enquanto a comparação gera todo tipo de sentimento negativo, abandoná-la nos leva ao contentamento, isto é a alegria e a satisfação que temos ao seguir nossa própria jornada com o Senhor, não nos medindo a partir do desenvolvimento de outras pessoas.

Certa vez, Jesus contou uma parábola sobre os trabalhadores de uma vinha. Parte deles havia começado as atividades pela manhã, outros ao meio-dia, alguns às três e às cinco da tarde. E todos receberam o mesmo salário, o qual tinha sido combinado em suas contratações. Mas, os que trabalharam desde cedo ficaram indignados com a situação, sentiram-se injustiçados (cf. Mateus 20.1-16).

É provavel que aqueles trabalhadores, agora inconformados, tenham se alegrado ao serem contratados. Contudo, quando se compararam com os outros, no fim do dia, deixaram que a alegria deles fosse roubada, sendo tomados pela inveja.

Por isso, quando identificamos a inveja em nosso coração, a primeira coisa que precisamos fazer é confessar esse pecado e nos arrepender. Afinal, ela é como câncer nos ossos, que os enfraquece e destrói (cf. Provérbios 14.30). Quando, porém, sabemos nos alegrar com os que se alegram, como a Palavra nos instrui (cf. Romanos 12.15), encontramos satisfação não somente com nossas próprias conquistas, mas também com as das pessoas que nos cercam.

A chave para isso é recebermos o amor de Deus, que não é invejoso (cf. 1 Coríntios 13.4), além de sermos gratas, focando no que Ele tem feito por nós e em tudo que já recebemos. Até porque a gratidão renova nossa esperança e nos enche de alegria, que é o que nos fortalece (cf. Neemias 8.10) e revigora, tornando nossos dias muito mais leves.

ENCONTRAMOS CONTENTAMENTO QUANDO SABEMOS SER GRATAS POR TUDO QUE TEMOS AGORA, SENDO MUITO OU POUCO.

EM TUDO, DEEM GRAÇAS, PORQUE ESTA É A VONTADE DE DEUS PARA VOCÊS EM CRISTO JESUS.
(1 TESSALONICENSES 5.18 - GRIFO DA AUTORA)

NO SENHOR, TEMOS FORÇAS PARA VIVER TODA E QUALQUER SITUAÇÃO.

SEI O QUE É PASSAR NECESSIDADE E SEI TAMBÉM O QUE É TER EM ABUNDÂNCIA; APRENDI O SEGREDO DE TODA E QUALQUER CIRCUNSTÂNCIA, TANTO DE ESTAR ALIMENTADO COMO DE TER FOME, TANTO DE TER EM ABUNDÂNCIA COMO DE PASSAR NECESSIDADE. TUDO POSSO NAQUELE QUE ME FORTALECE.
(FILIPENSES 4.12-13)

QUEM CONFIA EM DEUS VIVE COM MUITO MAIS TRANQUILIDADE, POIS SEU FOCO NÃO ESTÁ EM COISAS PASSAGEIRAS, MAS NO QUE É ETERNO.

[...] NÃO SE PREOCUPEM COM A SUA VIDA, QUANTO AO QUE IRÃO COMER, NEM COM O CORPO, QUANTO AO QUE IRÃO VESTIR. PORQUE A VIDA É MAIS DO QUE O ALIMENTO, E O CORPO, MAIS DO QUE AS ROUPAS. (LUCAS 12.22-23)

[perguntas]

Você se lembra de ter feito alguma comparação que roubou sua alegria?

Já viu alguma pessoa próxima de você realizar algo que é seu sonho? Conseguiu alegrar-se por ela quando isso aconteceu?

Existe em você alguma raiz de inveja? Se sim, confesse e abandone isso agora mesmo (leia Salmos 32.3).

Liste pelo menos dez coisas pelas quais você é grata hoje.

RAÍZES
raízes

Parte 2
Construindo

Leia Salmos 92.12

O cedro é uma árvore que pode atingir até quarenta metros de altura. Mas algo curioso sobre ele é que, no começo, para cada cinco centímetros de crescimento acima da superfície, um metro e meio de raízes se aprofundam na terra. Isso acontece porque, somente assim, elas conseguem sustentar o tronco, os ramos, folhagens e frutos que virão.

Esse processo de formação de raízes se repete em nossas vidas. Com ele, aprendemos a importância de crescermos internamente. Por isso, mesmo quando passamos por diversas situações de dificuldade e dor, sabemos que algo está sendo desenvolvido em nós. Muitas vezes, chegamos até a nos sentir sozinhas, como uma planta que não é regada, mas é nos momentos de seca que as raízes se aprofundam em busca dos lençóis freáticos. De modo semelhante, é em tempos difíceis que deixamos de contar com o que estávamos acostumadas – recursos visíveis – e nos entregamos mais intensamente ao nosso relacionamento com Jesus, que é a Fonte de Águas Vivas (cf. João 4.13-14).

Então, quando estamos com nossas raízes profundas em Cristo, o Senhor realinha a nossa forma de pensar – inclusive nossa motivação por trás de cada atitude – e nos leva a agir de acordo com Seus propósitos. É aí que aprendemos a fazer todas as coisas para agradá-lO e, por isso, não murmuramos se não recebemos agradecimentos ou elogios, pois nos desprendemos da necessidade de reconhecimento humano.

Além de alcançarmos esse amadurecimento, ampliamos nossa sustentabilidade. Muitas pessoas atingem grandes "alturas" rapidamente, mas perdem todos os frutos, pois não houve um desenvolvimento apropriado de suas raízes. Isso, porque esse é um processo lento, contudo, é justamente o que garante que aquilo que geramos seja sustentável. Portanto, embora muitas vezes não traga uma recompensa imediata, é nossa íntima relação com o Senhor que gera frutos permanentes (cf. João 15.16), que alimentam até as gerações seguintes.

Nossa **ÍNTIMA** relação com o Senhor nos faz gerar **FRUTOS** que permanecem

[perguntas]

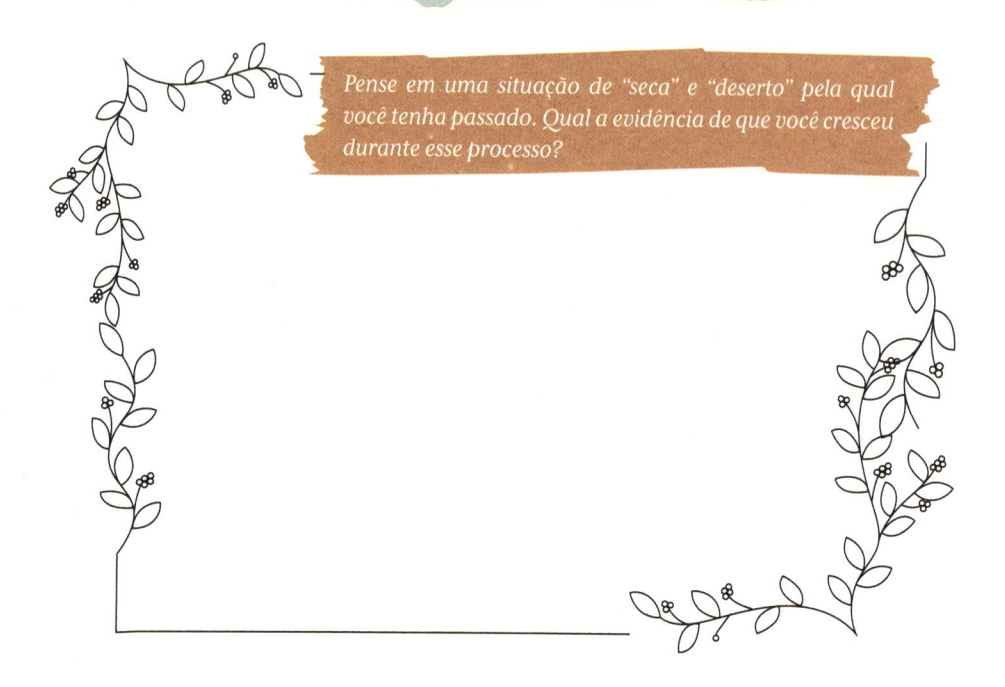

Pense em uma situação de "seca" e "deserto" pela qual você tenha passado. Qual a evidência de que você cresceu durante esse processo?

Você percebe, dentro de si mesma, alguma necessidade de plateia, torcida ou aplausos enquanto está crescendo? É o reconhecimento humano ou o de Deus que a faz se mover?

MEDO
medo

Parte 2
Crescendo

Leia Salmos 23.4

Logo no dia em que recebi minha carta de motorista, meu pai me incentivou a dirigir até à universidade. Aceitei o desafio e ele me acompanhou, só que, justamente naquele dia, aconteceu uma manifestação na rodovia, o que deixou o trânsito bastante lento. Por isso eu avançava um pouco e parava, até que, acelerei em vez de frear e meu carro colidiu com o veículo da frente.

Fiquei tão assustada que nem consegui sair do carro para ver o estrago. Então, meu pai foi verificar e, por sorte, nada havia acontecido. Mesmo assim, tive vontade de deixar o volante, mas ele insistiu para que eu continuasse dirigindo, porque se parasse naquela hora levaria meses para voltar a conduzir. Graças a Deus, eu o obedeci e venci aquele medo.

Isso me fez entender que podemos reagir ao medo de três maneiras: fugindo, paralisando ou enfrentando. A fuga traz uma falsa sensação de segurança e alívio, mas a verdade é que ela não resolve nada, uma vez que o amedrontamento permanece em nós e certamente teremos de lidar com ele mais tarde. Se paralisamos, podemos acabar isoladas ou entrar em pânico, o que só piora a situação. Portanto, a melhor reação diante do medo é o enfrentamento.

Para isso, devemos, primeiramente, trocar todas as mentiras em nossa mente pelas verdades da Palavra; assim, entenderemos que Deus é Emanuel: está conosco (cf. Mateus 1.23), mesmo se fizermos nossa cama no mais profundo abismo (cf. Salmos 139.8). Ele também é quem nos garante abrigo (cf. Salmos 91) e nos encoraja a atravessar até mesmo o vale da sombra da morte sem temermos mal algum (cf. Salmos 23.4).

Ao aceitar as verdades de Deus, encontramos coragem para enfrentar nossos maiores medos

[perguntas]

MEDO

Das três possíveis reações frente ao medo, qual tem sido a mais frequente em sua vida?

Há alguma mentira do Diabo que tem deixado você amedrontada?

Peça ajuda ao Espírito Santo e encontre, na Palavra, uma verdade que irá libertá-la dessa mentira.

PERDÃO
perdão

Parte 2
Crescendo

Leia Mateus 6.12-15

Vivemos cercadas de pessoas, seja em casa, na igreja, trabalho ou escola. Contudo, nem sempre nosso relacionamento com elas é fácil, uma vez que cada uma tem um histórico de vida e um tipo de temperamento. Tudo isso pode gerar discordâncias, inimizades, "alfinetadas" e "faíscas" nas relações. Por esse motivo é tão importante desenvolvermos a capacidade de liberar perdão a quem nos feriu e pedi-lo a quem ofendemos.

Eu me lembro que, em minha infância, o perdão era a "chave" para sair do castigo. Assim que eu o pedia, meus pais me liberavam para voltar a brincar. Hoje, percebo que ele realmente é o que liberta pessoas presas a mágoas e ressentimentos. Até porque, perdoar nos traz paz, que é um dos componentes do Reino de Deus (cf. Romanos 14.17).

Por outro lado, é possível pensarmos que essa prática afetará nosso senso de justiça e autoestima. Mas se o próprio Deus, por Sua graça e misericórdia, liberou perdão para os nossos pecados e transgressões, o que nos daria direito de retê-lo? Perdoar é confiar na justiça dos Céus acima da nossa, e deixar que o Senhor lave nossas feridas e as cure; é como um remédio para a alma envenenada pela amargura.

Precisamos, portanto, escolher sempre o perdão, entendendo que não se trata de um sentimento, mas de uma decisão em obediência à Palavra de Deus. Assim, ainda que nossa emoção não mude em relação àquela ferida, o Espírito Santo nos ajudará a superá-la e a seguirmos um caminho de vida e graça, com relacionamentos mais leves e livres de melindres.

DEVEMOS PERDOAR PORQUE FOMOS PERDOADAS.

[...] SEJAM BONDOSOS E COMPASSIVOS UNS PARA COM OS OUTROS, PERDOANDO UNS AOS OUTROS, COMO TAMBÉM DEUS, EM CRISTO, PERDOOU VOCÊS. (EFÉSIOS 4.32)

perdão

NÃO PODEMOS NOS LIMITAR A PERDOAR APENAS EM UMA OU DUAS OCASIÕES, MAS, SIM, EM QUANTAS FOREM NECESSÁRIAS.

ENTÃO PEDRO, APROXIMANDO-SE, PERGUNTOU A JESUS: — SENHOR, ATÉ QUANTAS VEZES MEU IRMÃO PECARÁ CONTRA MIM, QUE EU LHE PERDOE? ATÉ SETE VEZES? JESUS RESPONDEU: — NÃO DIGO A VOCÊ QUE PERDOE ATÉ SETE VEZES, MAS ATÉ SETENTA VEZES SETE. (MATEUS 18.21-22)

MAIS QUE PERDOAR, TAMBÉM NOS CABE OFERECER CONSOLO PARA QUEM FEZ MAL A NÓS MESMAS OU A ALGUÉM QUE ESTIMAMOS.

DE MODO QUE, AGORA, PELO CONTRÁRIO, VOCÊS DEVEM PERDOAR E CONSOLAR, PARA QUE ESSE INDIVÍDUO NÃO SEJA CONSUMIDO POR EXCESSIVA TRISTEZA. (2 CORÍNTIOS 2.7)

[perguntas]

O que é mais difícil para você: perdoar ou pedir perdão?

Existe alguma ferida que a atormenta?

Há alguém que você ainda não perdoou?

Existe alguém a quem você precisa pedir perdão?

coração puro

Parte 2
Crescendo

Leia Salmos 51.10

Durante a pandemia decorrente do *coronavírus*, houve um aumento significativo no consumo de máscara, álcool em gel e água sanitária. Passamos a evitar os abraços e apertos de mão e aderimos ao isolamento social, tudo para nos manter limpas e sem contaminação. Os fariseus agiam de forma semelhante. Eles se preocupavam bastante com a aparência e cuidavam bem dela; o problema é que a tornavam prioridade. Jesus os repreendeu por isso, afinal Ele exortava as pessoas a prezarem por um interior limpo, através de um caráter exemplar e um coração puro.

Essa limpeza dentro de nós se inicia quando nos despimos de nosso orgulho e nos tornamos vulneráveis diante de Deus, para que Ele nos lave com Sua Palavra (cf. João 15.3). E quanto mais nos preenchemos de verdades, princípios e valores do Reino, escritas ali, menos pecamos. Para isso, precisamos também ser cheias do Espírito Santo, pois Ele vivificará as Escrituras em nós e nos conduzirá a andar com pureza.

Por fim, se quisermos, de fato, viver limpas de coração, é imprescindível trocarmos o temor de homens pelo temor a Deus. Isto é, dedicar-Lhe um profundo respeito, que nos leva a obedecê-lO de forma radical e nos atrai à Sua presença. Que haja em nós um anseio por pureza, assim como Davi declarou em Salmos 51. Sua preocupação não era manter uma boa reputação diante das pessoas, mas — por conta do temor do Senhor — agradar a Deus com um coração devoto, limpo e totalmente entregue a Ele.

Que nosso anseio por agradar ao Senhor supere o temor às pessoas

[perguntas]

Segundo Mateus 5.8, qual o maior benefício de manter o coração puro?

Você percebe em si mesma algum traço de orgulho que a impede de expor seu pecado a Deus?

Qual versículo da Bíblia Deus já usou para "lavar" você?

FRUTO DA
caminhada

POR: THAYS LESSA

AMOR
amor

Parte 3
Em relação
a Deus

Leia 1 João 4.7-21

Meus pais iniciaram sua jornada com Jesus quando eu ainda era bem nova. Tive a experiência de acompanhá-los em reuniões de oração, cultos de domingo e, também, de ser ensinada sobre princípios e valores cristãos. Mas, apesar de ter sido criada em um ambiente cheio de fé, eu demorei um pouco para ter a revelação pessoal do amor de Deus, a respeito do qual eu sempre ouvia falar, porém só enxergava através das minhas lentes distorcidas.

Por conta do meu tremendo vício de querer sempre agradar as pessoas, acreditava que eu precisaria ser plenamente transformada e perfeita em todos os aspectos para, somente depois disso, ser amada e aceita por Ele. E além de acreditar que Seu amor funcionava dessa maneira, refletia esse comportamento em todos os meus outros relacionamentos, o que só fortalecia a minha necessidade de agradar a todos. E, falhando nessa tentativa, acabava me sentindo insuficiente.

Mas, o amor de Deus não funciona assim. Sua verdadeira natureza está revelada na Bíblia. O problema é que, muitas vezes, nossa visão sobre isso pode ter sido "embaçada". Ou seja, certas coisas que aconteceram ao longo de nossas vidas possivelmente nos fizeram criar uma imagem distorcida do que significa amar e ser amada.

Por isso, é urgente abandonarmos toda e qualquer perspectiva deturpada que possamos ter a respeito do "amor", e nos dedicarmos a conhecer verdadeiramente Aquele que é o AMOR. Se estiver disposta a isso, tenho certeza de que o nosso Senhor caminhará com você, de mãos dadas, nessa jornada de revelação de quem Ele é e do quanto nos ama.

EU AINDA PRECISO APRENDER MUITO SOBRE O VERDADEIRO AMOR, MAS, SE POSSO COMPARTILHAR ALGO ESPECIAL COM VOCÊ, É ESTE ENTENDIMENTO: DEUS NOS AMOU PRIMEIRO.

NÓS AMAMOS PORQUE ELE NOS AMOU PRIMEIRO.

(1 JOÃO 4.19)

EM UM MUNDO ONDE SOMOS CERCADAS PELA IDEIA DE QUE PRECISAMOS ESTAR SEMPRE CORRENDO EM BUSCA DE MERECIMENTO, PARECE LOUCURA PENSARMOS QUE ALGUÉM JÁ NOS AMAVA ANTES MESMO DE NASCERMOS. MAS ESTE É O AMOR DE DEUS: INCONDICIONAL E INFINITO, NÃO DEMANDA INÚMEROS PROTOCOLOS. NÓS PODEMOS NOS ALEGRAR N'ELE.

QUANTO A MIM, CONFIO NA TUA GRAÇA; QUE O MEU CORAÇÃO SE ALEGRE NA TUA SALVAÇÃO.

(SALMOS 13.5)

É IMPOSSÍVEL ENTRARMOS EM CONTATO COM O PLENO AMOR DE DEUS E NÃO SERMOS TRANSFORMADAS. ELE NOS AMA E NOS ACEITA COMO ESTAMOS, MAS NOS AMA DEMAIS PARA NOS DEIXAR DA MESMA MANEIRA. ASSIM, SOMOS APERFEIÇOADAS À SUA IMAGEM.

[...] QUEM TEME NÃO É APERFEIÇOADO NO AMOR.

(1 JOÃO 4.18)

ELE É AMOR E É INFINITO, SEMPRE PODEMOS CONHECÊ-LO MAIS.

E NÓS **CONHECEMOS** O AMOR E CREMOS NESTE AMOR QUE DEUS TEM POR NÓS.

(1 JOÃO 4.16a - GRIFO DA AUTORA)

[desafios]

Tome um tempo para orar e responda: você tem feito alguma coisa com a intenção de conquistar o amor de Deus? Peça ao Senhor que sonde o seu coração, a fim de que você entenda se alguma atitude sua tem esse intuito.

Declare a verdade escrita em 1 João 4.19:

"Nós amamos porque Ele nos amou primeiro".

Peça a Deus a revelação de que Ele sempre amou você, muito antes que você pudesse fazer qualquer coisa, que procurasse por Deus ou tentasse amá-lO.

Uma vez que você tenha entendido o amor incondicional de Deus, peça que Ele mostre a você quais áreas de sua vida precisam ser aperfeiçoadas. Lembre-se de que isso não a fará mais ou menos aceita, mas trata-se de uma consequência natural de sermos amadas pelo Senhor: sermos aperfeiçoadas em Seu amor.

ALEGRIA
alegria

Parte 3
Em relação
a Deus

Leia Salmos 16.11

Neste instante, estou escrevendo a você como alguém real, e confesso que, no decorrer da minha vida, tive bastante dificuldade para encontrar alegria. Ela parecia realmente inalcançável para mim. Por mais que eu expusesse um sorriso ou outro para as pessoas ao meu redor, ao entrar em meu quarto e fechar a porta, a realidade do que sentia era muito diferente.

Hoje, eu olho para trás e vejo que o Inimigo da minha alma sempre tentou roubar a minha alegria. Eu a procurava tantas vezes em momentos passageiros, relacionamentos e até em coisas materiais. E você, talvez, já tenha tentado fazer o mesmo.

Se for o caso, preciso lhe contar como encontrei a alegria plena, descrita em Salmos 16.11. Não se trata de um momento pontual cheio de sorrisos, decorrente de acontecimentos felizes, mas de uma mudança em nosso coração, que ocorre quando nos encontramos na presença de Deus. Essa alegria ultrapassa as circunstâncias e só pode ser achada nesse **lugar**. O que me leva a pensar que, se ansiamos tanto por ela, talvez seja porque nossa alma, de fato, carece de estar mais perto de Deus.

Não é à toa que, nas Escrituras, a alegria também é descrita como um "fruto" (cf. Gálatas 5.22-23). Essa palavra indica algo que é consequência de uma maturação, isto é, de um processo. Acontece que, quando aceitamos Jesus, o Espírito Santo passa a habitar em nós, e conforme amadurecemos na fé, produzimos esse fruto. Assim, além de desfrutarmos da alegria plena e verdadeira, passamos a transbordá-la, contagiando todos os lugares por onde passamos.

A ALEGRIA PLENA É ENCONTRADA EM UM LUGAR: NA PRESENÇA DE DEUS. NOSSA ALMA NECESSITA DE COMUNHÃO COM O NOSSO CRIADOR.

TU ME FARÁS VER OS CAMINHOS DA VIDA; NA TUA PRESENÇA HÁ PLENITUDE DE ALEGRIA, À TUA DIREITA, HÁ DELÍCIAS PERPETUAMENTE.

(SALMOS 16.11)

CARREGAMOS UMA ALEGRIA SOBRENATURAL POR TERMOS RECEBIDO O ESPÍRITO SANTO DE DEUS. ELE HABITA EM MIM E EM VOCÊ, POR ISSO PODEMOS MANIFESTAR SEU FRUTO.

MAS O FRUTO DO ESPÍRITO É: AMOR, ALEGRIA, PAZ, LONGANIMIDADE, BENIGNIDADE, BONDADE, FIDELIDADE, MANSIDÃO, DOMÍNIO PRÓPRIO. CONTRA ESTAS COISAS NÃO HÁ LEI.

(GÁLATAS 5.22-23)

A VERDADEIRA ALEGRIA NÃO SE RESUME AO NOSSO PRÓPRIO BEM-ESTAR E SATISFAÇÃO, MAS SE TRATA DE MANIFESTARMOS A VIDA QUE HÁ EM CRISTO POR ONDE FORMOS, AFINAL CARREGAMOS CONOSCO AS BOAS NOVAS!

TENHO LHES DITO ESTAS COISAS PARA QUE A MINHA ALEGRIA ESTEJA EM VOCÊS, E A ALEGRIA DE VOCÊS SEJA COMPLETA.

(JOÃO 15.11)

ONDE ESTÁ A ALEGRIA? ONDE ELA FOI PARAR?
ESTAVA AQUI POR ALGUNS INSTANTES E DEPOIS DESAPARECEU.
ESTIVE PROCURANDO EM MOMENTOS PASSAGEIROS,

E até cruzei com ela entre um riso e outro.

Logo depois ela desaparecia novamente.

Onde está a alegria? Onde ela foi parar?

Onde está a alegria? Onde ela foi parar?

FOI PARAR AQUI E FICOU.
NÃO ESTAVA EM MOMENTOS PASSAGEIROS
NEM ENTRE UM RISO E OUTRO.
ESTAVA NA PRESENÇA DO MEU DEUS E SALVADOR.

PAZ
paz

Parte 3
Em relação
a Deus

Leia Efésios 2.14

Nunca, em toda a minha vida, encontrei alguém que não quisesse viver em paz. Por mais que estejamos sujeitos a tribulações, buscamos constantemente por aquele sentimento de calma e conforto. Contudo, na Palavra de Deus, descobrimos algo ainda mais profundo, uma paz verdadeira e duradoura, que não diz respeito a um estado de espírito, mas trata-se de uma pessoa: Jesus! (cf. Efésios 2.14a). Ele é a nossa paz em meio à tempestade, ao medo e à incerteza. Sem dúvidas, Ele é!

Isso é algo que eu experimentei, em primeira mão, em minha própria vida. Em 2014, eu estava arrumando as malas para viver uma grande aventura: morar na Austrália para estudar onde sempre sonhei, no Hillsong College. Meu coração explodia de empolgação e alegria! Mas, por outro lado, o tamanho da minha felicidade era proporcional ao receio da minha mãe.

Como sou a filha mais velha, seria a primeira vez que ela teria de lidar com esse tipo de distância e incerteza. Preocupava-se pelo fato de que, se algo acontecesse comigo, ela não estaria lá para me ajudar. Por isso, foi preciso que minha mãe entregasse essa situação a Jesus para que Ele trouxesse paz ao seu coração. E assim aconteceu.

Quanto a você, não sei exatamente quais são os seus desafios hoje, mas afirmo com convicção que a melhor coisa a fazer é entregar o governo de sua vida ao Príncipe da Paz. O fato é que, sim, teremos de enfrentar momentos difíceis, todos nós estamos sujeitos a isso enquanto vivermos nesta Terra. Mas lembre-se: se estamos **em Cristo Jesus**, podemos desfrutar de uma vida de paz **apesar** dessas situações. Somente com Ele isso é possível.

JESUS É A NOSSA PAZ E ELE SEMPRE SE FAZ PRESENTE.

PORQUE UM MENINO NOS NASCEU, UM FILHO SE NOS DEU. O GOVERNO ESTÁ SOBRE OS SEUS OMBROS, E O SEU NOME SERÁ: "MARAVILHOSO CONSELHEIRO", "DEUS FORTE", "PAI DA ETERNIDADE", **"PRÍNCIPE DA PAZ"**.

(ISAÍAS 9.6 - GRIFO DA AUTORA)

VIVER EM PAZ NÃO SIGNIFICA NUNCA PASSARMOS POR MOMENTOS DE DIFICULDADE, MAS É SOBRE ENCONTRARMOS JESUS EM MEIO A TODA E QUALQUER SITUAÇÃO.

EIS QUE A VIRGEM CONCEBERÁ E DARÁ À LUZ UM FILHO, E ELE SERÁ CHAMADO PELO NOME DE EMANUEL. ("EMANUEL" SIGNIFICA: **"DEUS CONOSCO"**).

(MATEUS 1.23 - GRIFO DA AUTORA)

FALEI ESSAS COISAS PARA QUE **EM MIM** VOCÊS **TENHAM PAZ**. NO MUNDO, VOCÊS PASSAM POR AFLIÇÕES; MAS TENHAM CORAGEM: EU VENCI O MUNDO.

(JOÃO 16.33 - GRIFO DA AUTORA)

QUE O **SENHOR DA PAZ**, ELE MESMO, **DÊ A VOCÊS A PAZ, SEMPRE E DE TODAS AS MANEIRAS**. O SENHOR ESTEJA COM TODOS VOCÊS.

(2 TESSALONICENSES 3.16 - GRIFO DA AUTORA)

[desafios]

Ore e pense: a quem você tem dado o governo de sua vida? Ao ladrão ou ao Príncipe da Paz?

Liste abaixo situações que você decide entregar a Jesus para que Ele assuma o controle a partir de agora.

FIDELIDADE
fidelidade

Parte 3
Em relação a mim

Leia Lucas 16.10

Grandes e belos edifícios são levantados a partir de fundamentos bem construídos. Da mesma maneira, nós também podemos alicerçar o futuro que sonhamos sendo fiéis em nossas simples atividades diárias. Só que, muitas vezes, ludibriamo-nos com os aplausos entregues ao que consideramos "grandes feitos" e nos esquecemos do processo necessário para torná-los reais. Chegamos a pensar que Deus espera de nós realizações extraordinárias o tempo todo. Enquanto, na verdade, Ele conta com nossa fidelidade nas pequenas coisas.

Um exemplo disso é a história de Moisés relatada em Êxodo, homem a quem Deus escolheu para tirar o Seu povo da escravidão do Egito e guiá-lo à Terra Prometida. Sendo tão humano quanto qualquer um de nós, ele tremeu de medo ao ouvir que seria enviado para essa missão, sentiu-se pequeno e incapaz (cf. Êxodo 4.1-2). Mas o interessante é que, antes de realizar um grande marco na história daquele povo, através de sua vida, o Senhor lhe fez uma simples pergunta: "O que é isso em sua mão?".

Moisés tinha consigo uma vara comum, que usava em seu dia a dia. Talvez ele a considerasse ordinária, porém foi justamente isso que Deus escolheu para manifestar um sinal sobrenatural e mostrar que o ajudaria a cumprir aquela tarefa (cf. Êxodo 4.3-5).

E você, o que tem em mãos hoje? Dons e talentos? Alguma oportunidade? Seja o que for, nunca desmereça o que Ele já lhe deu. Que sejamos fiéis em dispor ao Senhor tudo o que temos e somos para expressarmos a Sua glória. E, assim, que Deus seja quem ocupa o trono em nossas vidas e tenha o domínio sobre elas, e realize os sonhos reservados por Ele a cada uma de nós.

SEJA FIEL COM O QUE O SENHOR COLOCOU EM SUAS MÃOS, POIS É BEM PROVÁVEL QUE A SUA FIDELIDADE EM RELAÇÃO AO QUE VOCÊ TEM HOJE A CONECTE À SUA PRÓXIMA ESTAÇÃO.

– QUEM É, POIS, O SERVO FIEL E PRUDENTE, A QUEM O SENHOR DEIXOU ENCARREGADO DOS DEMAIS SERVOS, PARA LHES DAR O SUSTENTO A SEU TEMPO? BEM-AVENTURADO AQUELE SERVO A QUEM SEU SENHOR, QUANDO VIER, ACHAR FAZENDO ASSIM. (MATEUS 24.45-46)

SEJA FIEL EM SUA ENTREGA A JESUS. DIGO ISSO, PORQUE ACREDITO QUE A FIDELIDADE CAMINHE DE MÃOS DADAS COM A CLAREZA. SER FIEL NO POUCO É TAMBÉM PERMITIR QUE DEUS ENTRE EM NOSSAS VIDAS E MOLDE NOSSO CARÁTER, ALCANÇANDO ATÉ OS "PONTOS CEGOS". ENTREGUE-SE À CORREÇÃO DO SENHOR.

SONDA-ME, Ó DEUS, E CONHECE O MEU CORAÇÃO, PROVA-ME E CONHECE OS MEUS PENSAMENTOS; VÊ SE HÁ EM MIM ALGUM CAMINHO MAU E GUIA-ME PELO CAMINHO ETERNO.
(SALMOS 139.23-24)

SEJA FIEL, POIS DEUS É FIEL. É ISSO QUE NOS DIZEM INÚMERAS PASSAGENS DA BÍBLIA. SIM, ELE É FIEL, E PODEMOS CONTAR COM ELE. MAS SERÁ QUE O SENHOR TAMBÉM PODE CONTAR COM VOCÊ? ELE PODE RECORRER A VOCÊ PARA SER SUAS MÃOS E PÉS AQUI NESTA TERRA, AMAR OS QUE ESTÃO À SUA VOLTA E PERDOAR OS QUE LHE FIZERAM MAL? NÓS PRECISAMOS SER A EXPRESSÃO DE NOSSO DEUS E PAI POR ONDE PASSARMOS.

A TUA FIDELIDADE SE ESTENDE DE GERAÇÃO EM GERAÇÃO; FUNDASTE A TERRA, E ELA PERMANECE. (SALMOS 119.90)

[perguntas]

Qual instrumento você tem em mãos hoje? Quais são seus dons e talentos? Há alguma oportunidade que apareceu recentemente em sua vida? Reflita e escute a voz encorajadora do Espírito Santo de Deus. Não ouse pensar que "não tem nada", mas reconheça e valorize suas ferramentas.

Ser fiel envolve entrega e submissão total de nossas vidas ao Senhor. Qual área de sua vida você decide hoje trazer à luz neste momento para que seja totalmente rendida a Cristo? O que falta ser entregue para que Ele possa reinar absolutamente em seu coração?

MANSIDÃO

Parte 3
Em relação
a mim

Leia Mateus 5.5

Geralmente, aprendemos pelo mundo afora que precisamos ser mais incisivas para conseguirmos um lugar de respeito e influência. Mas, Jesus, pelo contrário, diz-nos que são "Bem-aventurados os mansos, porque herdarão a terra" (Mateus 5.5). Além disso, observando Sua vida, vemos alguém que, mesmo sendo o próprio Deus, humilhou-Se e escolheu servir. Com isso, fica claro que a mansidão não é um sinal de fraqueza, mas trata-se de uma decisão por viver de forma tranquila e cheia de compaixão, mesmo sendo uma pessoa forte.

Não sei você, mas eu não sou mansa por natureza. De fato, esse é um traço de caráter que o Senhor trabalha constantemente em mim através do Espírito Santo. E acredito que seja assim para a maioria das pessoas. Quantas vezes, em meio a alguma situação cotidiana que foge de nosso controle, a maior vontade que temos não é "explodir" ou simplesmente dar uma resposta ríspida?

Eu me lembro até hoje de uma discussão que tive com minha mãe, em que eu estava completamente tomada pela ira. Naquele momento, gostaria de falar inúmeras coisas desrespeitosas, mas o Senhor trouxe Provérbios 15.1 ao meu coração: "A resposta branda desvia o furor, mas a palavra dura suscita a ira". Como eu seria capaz de falar algo rude depois de ouvir isso? Deus estava me advertindo e ensinando o princípio da mansidão.

Portanto, se você também se identifica como uma pessoa não tão mansa assim, meu conselho é abrir espaço em seu coração e pedir ao Senhor que a transforme. E Ele fará isso, pois realmente está interessado em que nos tornemos mansas, assim como Jesus é.

A MANSIDÃO DESARMA CONFLITOS E BRIGAS. TANTO É QUE, AO REPARAR NO COMPORTAMENTO DE JESUS RELATADO NA PALAVRA, COM SUA MANSIDÃO, VEMOS QUE ELE FRUSTRAVA OS CRÍTICOS E ATRAÍA A MULTIDÃO. ELE MESMO DIZ ISSO EM MATEUS 11.29:

TOMEM SOBRE VOCÊS O MEU JUGO E APRENDAM DE MIM, PORQUE SOU MANSO E HUMILDE DE CORAÇÃO; E VOCÊS ACHARÃO DESCANSO PARA A SUA ALMA.

A PESSOA MANSA NÃO SÓ LEVA PAZ POR ONDE ANDA, MAS TAMBÉM **VIVE EM ABUNDÂNCIA DE PAZ.**

MAS OS MANSOS HERDARÃO A TERRA E TERÃO ALEGRIA NA ABUNDÂNCIA DE PAZ. (SALMOS 37.11)

POR ÚLTIMO, MAS NÃO MENOS IMPORTANTE, A **MANSIDÃO É TESTEMUNHO PARA OS QUE NÃO CREEM.**

QUE NÃO DIFAMEM NINGUÉM. QUE SEJAM PACÍFICOS, CORDIAIS, DANDO PROVAS DE TODA CORTESIA PARA COM TODOS. (TITO 3.2)

[desafios]

mansidão

QUANDO ALGUÉM FRUSTRAR VOCÊ OU DESAPONTÁ-LA, TROQUE O JULGAMENTO PELA EMPATIA (LEMBRE-SE DE QUE TODOS NÓS JÁ FRUSTRAMOS E DESAPONTAMOS ALGUÉM).

QUANDO SUAS EXPECTATIVAS NÃO FOREM ATENDIDAS, TROQUE O DESCONTENTAMENTO PELA GRATIDÃO (AFINAL, O SENHOR É SEMPRE BOM!).

QUANDO FOR CRITICADA, TROQUE A IRA PELA CONVICÇÃO DE SUA IDENTIDADE EM CRISTO (VOCÊ É QUEM ELE DIZ QUE VOCÊ É, E PONTO-FINAL).

DOMÍNIO PRÓPRIO
domínio próprio

Parte 3
Em relação
a mim

Leia 1 Coríntios 6.19-20

Entre todas as facetas do fruto do Espírito (cf. Gálatas 5.22-25), o domínio próprio pode ser o mais difícil de vivermos. Isso, porque envolve abandonar a nossa natureza pecaminosa e abraçar a melhor versão de nós mesmas, a qual Deus nos criou para sermos.

Sendo assim, apesar da nomenclatura "domínio próprio", não se trata de sermos donas de nossas vidas, mas de buscarmos aquilo que Ele designou para nós, admitindo que viver à nossa maneira não é a melhor opção. Por isso, escolhemos todos os dias "matar" nossas próprias vontades, para que o Espírito de Deus reine completamente em nós.

É justamente nesse sentido que Paulo instrui os coríntios, afirmando que quem deseja ser morada do Espírito Santo deve reconhecer que sua vida agora pertence a Ele. Isto é, cabe a nós aceitá-lO não somente como nosso Salvador, mas também como nosso Senhor. Até porque podemos ter convicção de que Ele sabe o que é melhor para nós, afinal foi quem nos criou! E o fato é que não fomos feitas para o pecado, pois a Bíblia afirma que ele nos leva à morte e à destruição (cf. Romanos 6.23; 8.13).

Eu sei que jamais viveremos de forma perfeita, acertando o tempo todo, mas faz parte da nossa jornada cristã nos empenharmos para andar de acordo com a vontade do Pai. E isso é o processo de santificação, através do qual nos tornamos mais parecidas com Jesus a cada dia. E quem melhor que Ele para nos ensinar sobre domínio próprio? Mesmo passando por grandes tentações (cf. Mateus 4.1-11), não Se rendeu ao Inimigo, mas permaneceu santo.

Portanto, que, assim como Jesus, nós também sejamos sempre guiadas pelo Espírito e sujeitemos a Ele nossa carne. Lembre-se de que você não está sozinha, pois o Espírito Santo nos capacitará nessa luta.

QUEM DESEJA SER MORADA DO ESPÍRITO SANTO DEVE reconhecer QUE SUA VIDA PERTENCE A Ele

{ desafios }

De forma bem prática, eu quero desafiar você a refletir em alguns pontos antes de tomar qualquer atitude em sua vida:

Isso vai agradar ao meu Deus?

Como isso me afetará nos âmbitos espiritual, físico e na alma?

Como isso pode influenciar a forma que as pessoas ao meu redor me veem?

Isso terá um impacto positivo ou negativo em como as pessoas enxergam o Corpo de Cristo?

Através dessa ação, o Espírito Santo será evidenciado em minha vida?

PACIÊNCIA
paciência

Parte 3
*Em relação
ao próximo*

Leia Colossenses 3.13-14

Quando eu tinha em torno de seis anos de idade, meu irmão nasceu. Eu estava muito feliz e empolgada, afinal passei anos pedindo por um(a) irmãozinho(a) aos meus pais. Mas, além das lindas memórias que tenho com ele, também me lembro de minhas primeiras experiências com a paciência.

Por que ninguém me avisou que ele iria jogar todos os meus brinquedos pelo quarto e babar neles? Hoje, eu começo a rir lembrando de como ficava revoltada, e minha mãe dizendo: "Filha, tenha paciência, você já é uma mocinha e ele é só um bebê". Mas parecia que, quanto mais ela falava, mais irritada eu ficava. No fundo, eu cobrava do meu irmão uma mentalidade de alguém mais crescido, desconsiderando a fase da vida em que ele estava.

Quantas vezes nós também não temos dificuldades para lidarmos uns com os outros pacientemente? Assim como eu fazia com meu irmão, é comum nos sentirmos mais "avançadas na jornada": mais aptas, sábias e desenvolvidas que os demais. E demonstramos essa forma de pensar quando, por exemplo, ignoramos dúvidas de pessoas mais velhas sobre coisas que, para nós, são óbvias, ou julgamos alguém por um erro, afirmando que "jamais o cometeríamos". Outro comportamento que evidencia esse sentimento é desmerecer as necessidades das pessoas, e assim por diante. Por isso, é tão importante termos consciência de que precisamos suportar uns aos outros em amor, como a Palavra de Deus nos instrui em Colossenses 3.

Além disso, o próprio Jesus demonstrou esse estilo de vida de paciência através de Seu amor por nós – que "[...] tudo sofre, tudo crê, tudo espera, tudo suporta" (1 Coríntios 13.7). Nada mais justo do que nos dedicarmos a fazer o mesmo para com todos os que nos cercam.

paciência
é
COMPREENDER

que cada PESSOA

está em uma E·T·A·P·A

diferente

VIDA da

[desafios]

Liste abaixo as pessoas ao seu redor que mais desafiam você em relação à paciência.

Pense em atitudes que você pode começar a ter para com elas a partir de hoje que expressem o que a Palavra diz em Colossenses 3.13-14.

AMABILIDADE

Parte 3
Em relação
ao próximo

Leia Salmos 107.1

A amabilidade, também conhecida como benignidade, pode ser confundida com a bondade. Ambas são características do Espírito Santo e são voltadas ao nosso relacionamento com o próximo. Entretanto, uma complementa a outra, e vou lhe dizer a razão: amabilidade diz respeito à consideração, boa intenção, ternura, respeito e pensamentos benignos. É essa característica que torna os nossos atos de bondade genuínos. Ela antecede a ação, entende?

Dessa forma, a amabilidade é tão importante exatamente porque nosso estado interior interfere diretamente na forma como vivemos e nos relacionamos com as pessoas. Quanto a isso, a Palavra adverte: "Tenha cuidado com o que você pensa, pois a sua vida é dirigida pelos seus pensamentos" (Provérbios 4.23 – NTLH). E os nossos pensamentos, por sua vez, são alimentados todos os dias através do que assistimos, ouvimos, lemos, etc. Ao entrar em nós, essas coisas, quase sempre, fazem morada. Por isso é tão fundamental analisarmos bem o que consumimos, pois, somente se estivermos cheios daquilo que é bom e puro, conseguiremos ser amáveis nos nossos relacionamentos.

Considerando tudo isso, ao olhar para si mesma, você acredita ser alguém que vive a amabilidade? Os seus pensamentos em relação ao que está ao seu redor são de bem ou críticos demais e malignos? As pessoas que convivem com você ficam à vontade para serem quem realmente são ou se sentem sempre julgadas?

Não se desespere caso você tenha percebido que não é uma pessoa amável e benigna. O primeiro passo para trabalharmos essa característica é reconhecer em que aspectos temos errado, e então dar lugar à ação do Espírito Santo em nós. Para isso, ore com honestidade e peça que Ele purifique seu coração e lhe dê a mente de Cristo.

A AMABILIDADE É UMA CARACTERÍSTICA DE QUEM ANDA COM JESUS.

SEJA A AMABILIDADE DE VOCÊS CONHECIDA POR TODOS.
(FILIPENSES 4.5a - NVI)

DEVEMOS ESTAR ATENTAS COM O QUE CONSUMIMOS E COMO ALIMENTAMOS NOSSO INTERIOR.

FINALMENTE, IRMÃOS, TUDO O QUE É VERDADEIRO, TUDO O QUE É RESPEITÁVEL, TUDO O QUE É JUSTO, TUDO O QUE É PURO, TUDO O QUE É AMÁVEL, TUDO O QUE É DE BOA FAMA, SE ALGUMA VIRTUDE HÁ E SE ALGUM LOUVOR EXISTE, SEJA ISSO O QUE OCUPE O PENSAMENTO DE VOCÊS. (FILIPENSES 4.8)

ESTEJA DISPOSTA A VIVER INTEIRAMENTE O PROCESSO DE TRANSFORMAÇÃO, A FIM DE MANIFESTAR A AMABILIDADE VERDADEIRA COM AS PESSOAS AO SEU REDOR.

AO SERVO DO SENHOR NÃO CONVÉM BRIGAR MAS, SIM, SER AMÁVEL PARA COM TODOS, APTO PARA ENSINAR, PACIENTE.
(2 TIMÓTEO 2.24 - NVI)

{ desafios }

Lembre-se de sua última semana e pense: de que forma você respondeu às pessoas mais próximas? O que você pensou a respeito delas?

Caso tenha tido algum pensamento exageradamente crítico ou negativo, volte àquela situação e procure entender o que, na realidade, houve de errado. Considere os fatos e as suas emoções em relação a eles, principalmente o que foi maximizado (para o lado ruim) por você mesma.

BONDADE

Parte 3
Em relação ao próximo

Leia 1 João 3.18

Enquanto a amabilidade está mais ligada à intenção por trás de nossas atitudes, a bondade é sobre o que, de fato, fazemos. E, como seguidoras de Cristo, acredito que fazer o bem não é apenas a "opção mais agradável", mas uma **responsabilidade** que carregamos. Não é à toa que somos desafiadas a não só dizer que amamos uns aos outros, mas a **agir de acordo com esse amor**.

Entretanto, nem sempre eu fiz dessa maneira. Pelo contrário, hoje vejo o quanto o Senhor tratou e ainda tem tratado em mim o egoísmo. Ao longo do tempo e, especialmente, ao começar a servir em minha igreja local, os pequenos atos de serviço que realizava foram me transformando. Com isso, entendi que, na verdade, essa característica preciosa do caráter de Cristo tem poder para impactar não apenas quem recebe as nossas boas ações, mas também a nós, que as realizamos.

Aliás, não pense que, quando falo de agir com bondade, refiro-me apenas a grandes feitos, mas principalmente a pequenos atos diários que fazemos com sinceridade. É esse tipo de atitude que nos molda e faz muita diferença em como tratamos aqueles que Deus colocou perto de nós. Por isso, tenha em mente que não há insignificância em nenhum ato de bondade, e Jesus nos mostrou isso ao lavar os pés dos discípulos e nos orientar a fazer exatamente como Ele: "[...] façam como lhes fiz" (João 13.15 – NVI).

Como bem sabemos, Cristo foi além de servir e ensinar, Ele morreu e ressuscitou por nós, e, assim, nos fez LIVRES para praticarmos o bem. Portanto, apesar dos pesares, das desavenças e diferenças, a bondade sempre será a opção que **devemos** escolher para lidar uns com os outros.

EXPRESSE A BONDADE EM PEQUENOS ATOS DIÁRIOS. É ATRAVÉS DELA QUE CUIDAMOS DOS PEQUENINOS DE DEUS.

E QUEM DER DE BEBER, AINDA QUE SEJA UM COPO DE ÁGUA FRIA, A UM DESTES PEQUENINOS, POR SER ESTE MEU DISCÍPULO, EM VERDADE LHES DIGO QUE DE MODO NENHUM PERDERÁ A SUA RECOMPENSA. (MATEUS 10.42)

EXPRESSE A BONDADE POR SER UM MANDAMENTO DO SENHOR.

ORA, SE EU, SENDO SENHOR E MESTRE, LAVEI OS PÉS DE VOCÊS, TAMBÉM VOCÊS DEVEM LAVAR OS PÉS UNS DOS OUTROS. PORQUE EU LHES DEI O EXEMPLO, PARA QUE, COMO EU FIZ, VOCÊS FAÇAM TAMBÉM.
(JOÃO 13.14-15)

EXPRESSE A BONDADE COMO RESPOSTA AO SACRIFÍCIO DE JESUS.

MAS QUANDO SE MANIFESTOU A BONDADE DE DEUS, NOSSO SALVADOR, E O SEU AMOR POR TODOS, ELE NOS SALVOU, NÃO POR OBRAS DE JUSTIÇA PRATICADAS POR NÓS, MAS SEGUNDO A SUA MISERICÓRDIA. ELE NOS SALVOU MEDIANTE O LAVAR REGENERADOR E RENOVADOR DO ESPÍRITO SANTO, QUE ELE DERRAMOU SOBRE NÓS RICAMENTE, POR MEIO DE JESUS CRISTO, NOSSO SALVADOR.
(TITO 3.4-6)

{ desafios }

Que ato de bondade você poderia praticar **hoje** mesmo? Enviar flores para alguém que anda meio cabisbaixo, ligar para algum parente com quem não fala há muito tempo? Como você pode pôr em prática a bondade do caráter de Jesus hoje?

Pense em **três** ações para realizar **dentro de sua casa**, a começar por esta semana, que manifestem a bondade do Senhor.

1.

2.

3.

CUMPRINDO a missão

POR: LUMA ELPIDIO

METAS
metas

Parte 4
Posicionamento

Leia Filipenses 3.13-14

Pare para pensar em quantas vezes você já se pegou relembrando situações passadas. Enquanto lamentava por alguma coisa ruim, ou pelo fim de algo muito bom, você estava avançando rumo ao seu alvo? É bem provável que não, porque é impossível fazer essas duas coisas ao mesmo tempo. Como o apóstolo Paulo nos alertou em sua carta aos filipenses: ou nos mantemos apegadas ao que passou, ou prosseguimos rumo aos nossos objetivos.

Com certeza, você possui sonhos e metas, mas talvez ainda não tenha compreendido a importância de desapegar-se daquilo que já não faz parte de sua vida. Obviamente, não é errado lembrar-se de seu passado. Mas, ao olhar para trás, procure focar no que irá lhe fortalecer, como Jeremias fez ao orar: "Quero trazer à memória o que pode me dar esperança" (Lamentações 3.21). *Boom!* Esse é o segredo.

Alimente seus pensamentos com as promessas de Deus para você. Assim, terá sempre um bom "combustível" para seguir sua caminhada com Cristo. Isto é, tenha bem estabelecido em sua mente quais são seus objetivos de vida; visualize hoje — com a máxima clareza possível — qual é o lugar onde deseja chegar. Para isso, observe as pistas que o Senhor já lhe deu acerca dos propósitos d'Ele para você. Com a ajuda do Espírito Santo, descubra a sua missão e trace as metas necessárias para cumpri-la. Então, faça como Paulo: prossiga para o alvo, desprendida de todo o peso do passado.

esqueço-me

do que

PASSOU

&

AVANÇO

rumo ao meu

DESTINO

[perguntas]

> Quais são as coisas do passado que você precisa finalmente se esquecer e deixar para trás? Peça ao Espírito Santo que lhe ajude a descobri-las e liste aqui cinco delas. Podem ser coisas ruins — como ofensas, decepções, abusos, mágoas e prejuízos — ou boas — como um relacionamento legal que acabou ou uma grande conquista passada. Tudo que não lhe traz esperança. Ao terminar, faça um compromisso para se desprender disso.

1

2

3

4

5

> Quais são seus sonhos? O que você sente que é chamada para fazer? Mesmo que ainda não saiba exatamente descrever isso por completo, escreva o que o Espírito Santo já lhe disse até então.

> Quais passos práticos você poderia dar hoje em direção ao seu chamado?

SERVIÇO
serviço

Parte 4
Posicionamento

Leia Marcos 10.44-45

Como está a sua disposição para servir? Você tem ajudado pessoas? É curioso como nos esquecemos que, ao fazer algo por um irmão, estamos servindo ao próprio Deus (cf. Mateus 25.35-40). Mas, quando levamos isso em conta, vemos a necessidade de constantemente avaliarmos nosso estilo de vida e verificarmos se o serviço tem sido ou não uma realidade em nosso cotidiano.

O desejo do Senhor para nós, é que sejamos reconhecidas como pessoas prontas para servir em toda e qualquer circunstância, pois isso é parte da natureza de Jesus. Ele não fazia "corpo mole", mas era o primeiro a estender a mão e oferecer ajuda, perguntando aos que O cercavam: "O que você quer que eu lhe faça?". Seu serviço à humanidade — em obediência ao Pai — não O diminuía, pelo contrário, exaltava-O à mais alta posição (cf. Filipenses 2.5-9).

Portanto, lembre-se de que, no Reino, a lógica é invertida: maior é o que serve, e não o que é servido. Ao agirmos dessa forma, crescemos como seres humanos, tornando-nos mais parecidas com Jesus. Por isso, não seja alguém que só sabe receber, mas, a partir de hoje, coloque-se à disposição para ajudar os demais e oferecer algo, assim como Cristo. Mesmo sendo Deus, Ele deixou toda Sua glória para vir à Terra como homem e servir. Que em seu trabalho, igreja, casa e até entre seus amigos, você seja conhecida como aquela que serve e, consequentemente, parece-se com Jesus.

SEJA **conhecida** como a PESSOA que *serve* e se PARECE com Jesus

[desafios]

Você se considera uma pessoa pronta para servir? Se perguntassem aos seus amigos próximos ou familiares, hoje, se você costuma servir ou ser servida, qual seria a resposta?

Insira atos de serviço em sua rotina. Separe um tempo por dia para simplesmente servir — seja lavando a louça, preparando uma refeição ou suco para algum familiar, trazendo um café ou um doce para um(a) colega de trabalho, sem que ele(a) tenha pedido, ou até mesmo lhe comprando algo.

Cite algumas atitudes que você irá inserir em sua rotina, a partir de hoje, para se tornar mais serva e, consequentemente, mais parecida com Jesus.

LUTAS CERTAS

Parte 4
Posicionamento

Leia Efésios 6.12

Você deve conhecer bem a história de um menino do campo, pequeno e mirrado, que, ao ouvir a afronta de um gigante assustador, partiu para enfrentá-lo sem pensar duas vezes. Sim, eu estou falando de Davi!

Olhando para esse episódio, talvez você possa criar em sua cabeça o estereótipo de uma pessoa explosiva, que não leva desaforo para casa e tem sempre uma resposta na ponta da língua, mas não é isso. A verdade é que, antes de enfrentar o gigante Golias de forma corajosa e determinada, Davi tinha sido afrontado pelo próprio irmão, Eliabe, e simplesmente ignorou a ofensa. Ele virou as costas e o deixou falando sozinho (cf. 1 Samuel 17.28-30). Davi sabia bem escolher as suas batalhas. Nós precisamos fazer o mesmo, pois somos colocadas diariamente diante de situações sem valor e outras relevantes, que dizem respeito à causa do Senhor, como a ofensa de Golias ao povo de Deus.

Infelizmente, muitas vezes, escolhemos as lutas erradas e nos indispomos com pessoas por causa de pequenas questões pessoais, que em nada nos edificam. Enquanto isso, existem gigantes que precisam ser derrubados e o Senhor conta conosco para essas empreitadas.

Se Davi tivesse discutido com Eliabe, talvez tivesse se distraído e perdido a oportunidade de derrotar Golias. Por isso, precisamos entender que nossa luta não é contra carne nem sangue, mas contra seres espirituais, que devem ser vencidos com nossas armas e armaduras espirituais (cf. Efésios 6.13-18), além de discernir sabiamente as batalhas e investirmos nossos esforços no que, de fato, é relevante: as coisas eternas.

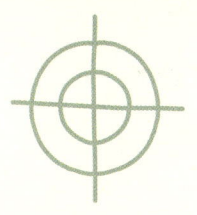

É CRUCIAL SABERMOS DISCERNIR A HORA CERTA DE FAZER ALGUMA COISA E A DE DESCANSAR.

TUDO TEM O SEU TEMPO DETERMINADO, E HÁ TEMPO PARA TODO PROPÓSITO DEBAIXO DO CÉU. (ECLESIASTES 3.1)

SE AGIMOS DE ACORDO COM OS PROPÓSITOS DO SENHOR, PODEMOS CONFIAR QUE ELE NOS AJUDARÁ.

SABEMOS QUE TODAS AS COISAS COOPERAM PARA O BEM DAQUELES QUE AMAM A DEUS, DAQUELES QUE SÃO CHAMADOS SEGUNDO O SEU PROPÓSITO. (ROMANOS 8.28)

DEVEMOS SEMPRE BUSCAR SABEDORIA, A FIM DE VIVER CONFORME A BOA, PERFEITA E AGRADÁVEL VONTADE DE DEUS.

SE, PORÉM, ALGUM DE VOCÊS NECESSITA DE SABEDORIA, PEÇA A DEUS, QUE A TODOS DÁ COM GENEROSIDADE E SEM REPROVAÇÕES, E ELA LHE SERÁ CONCEDIDA. (TIAGO 1.5)

[perguntas]

Se, hoje, você fosse colocar na balança, diria que tem dispendido mais esforço em batalhas pessoais ou questões atreladas à expansão do Reino?

Quais são as batalhas que você precisa largar hoje? Peça direção ao Espírito Santo e tome as medidas necessárias.

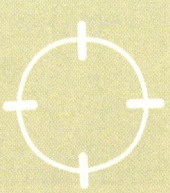

Em que você deve investir mais esforços em prol do Reino de Deus?

VONTADE DE DEUS

Parte 4
Preparação

Leia Salmos 37.4-5

Como sabemos, todo ser humano tem livre-arbítrio. Ele é uma das formas pelas quais Deus manifesta Seu amor por nós e o que nos permite tomar decisões próprias. Porém, à medida que nos aproximamos do Senhor, nós nos damos conta de que Seus caminhos são sempre mais elevados que os nossos (cf. Isaías 55.9) e Seus pensamentos são de paz, para nos dar um futuro e esperança (cf. Jeremias 29.11).

Isso quer dizer que é possível escolhermos a vontade permissiva de Deus — ou seja, aquilo que parece bom aos nossos olhos naturais, mas não está de acordo com Seus sonhos para nossas vidas — ou adentrarmos por completo em Sua vontade boa, perfeita e agradável (cf. Romanos 12.2). A primeira opção pode até nos garantir algo bom de imediato, mas também nos leva a desprezar o que é excelente, uma vez que, para ter o melhor, muitas vezes, precisaremos renunciar ao que era bom. De fato, a decisão de vivermos a vontade divina requererá passos de risco e fé, e, por consequência, confiança n'Ele.

Decida, portanto, viver o que o Pai já escreveu para você (cf. Salmos 139.16) conforme Seus propósitos soberanos, em vez daquilo que Ele apenas permitiu. A melhor forma de fazer isso é permanecendo em Sua presença e conhecendo cada vez mais Seu coração e mente. Dessa maneira, conseguiremos escolher diariamente Seus planos acima dos nossos e Lhe entregar nossas expectativas. Podemos até fazer projetos muito bons, mas nada se compara a estar no centro de Sua vontade. Não só isso, mas, vivendo dessa forma, uma coisa é certa: apesar de qualquer desafio, o nosso coração será realmente satisfeito e alegre n'Ele.

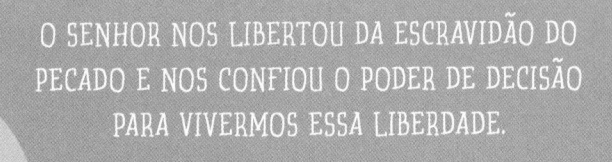

O SENHOR NOS LIBERTOU DA ESCRAVIDÃO DO PECADO E NOS CONFIOU O PODER DE DECISÃO PARA VIVERMOS ESSA LIBERDADE.

PARA A LIBERDADE FOI QUE CRISTO NOS LIBERTOU. POR ISSO, PERMANEÇAM FIRMES E NÃO SE SUBMETAM, DE NOVO, A JUGO DE ESCRAVIDÃO. (GÁLATAS 5.1)

DEVEMOS BUSCAR A DIREÇÃO DO ESPÍRITO PARA CADA UMA DE NOSSAS DECISÕES, A FIM DE ENCONTRARMOS VIDA EM ABUNDÂNCIA. ASSIM, VIVEREMOS NO CENTRO DE SUA VONTADE, E NÃO ÀS MARGENS (VONTADE PERMISSIVA).

E AQUELE QUE SONDA OS CORAÇÕES SABE QUAL É A MENTE DO ESPÍRITO, PORQUE INTERCEDE PELOS SANTOS DE ACORDO COM A VONTADE DE DEUS. (ROMANOS 8.27)

É IMPORTANTE FAZERMOS FREQUENTEMENTE UM *CHECK-UP* EM NOSSO CORAÇÃO, COLOCANDO-O DIANTE DE DEUS E DE SUA PALAVRA, PARA QUE SEJA PROVADO E ALINHADO AO CORAÇÃO DO PAI.

SONDA-ME, Ó DEUS, E CONHECE O MEU CORAÇÃO, PROVA-ME E CONHECE OS MEUS PENSAMENTOS; VÊ SE HÁ EM MIM ALGUM CAMINHO MAU E GUIA-ME PELO CAMINHO ETERNO. (SALMOS 139.23-24)

[desafios]

Identifique e escreva abaixo se há algo em sua vida que parece ser bom, mas o Senhor já lhe pediu para que fosse entregue. Talvez seja um relacionamento, uma vaga de estágio ou algum concurso, qualquer coisa que o Espírito Santo lhe direcionou a abrir mão e confiar que Ele iria prover de acordo com Sua vontade.

Se o Senhor já lhe pediu para entregar algo, ou dar um passo ousado, e você ainda não obedeceu, o que a impede? Ore para que o Espírito Santo sonde seu coração e lhe dê a melhor saída.

IDE

Parte 4
Preparação

Leia Marcos 16.15

Você provavelmente já sabe que todo cristão tem uma missão em comum, uma direção universal para os que se comprometeram a seguir ao Senhor e obedecê-lO: a Grande Comissão.

Por isso, mesmo antes de descobrir qual é a sua vocação específica, não há necessidade alguma de ficar parada. Afinal, Jesus já nos deixou uma ordem bem clara: "[...] Vão por todo o mundo e preguem o evangelho a toda criatura" (Marcos 16.15), e também: "[...] façam discípulos de todas as nações [...]" (Mateus 28.19).

Não se trata apenas de uma sugestão ou de uma boa ideia, mas de uma convocação e, portanto, um compromisso que devemos assumir. E o mais importante não é exatamente como faremos isso, mas nossa atitude de pregar a Palavra e discipular as nações de acordo com a direção do Espírito Santo e um estilo de vida que O honre.

Desde pequena, escutava do meu pai o seguinte dito popular: "Pregue o Evangelho o tempo todo. Se for preciso, use palavras". O que me lembra das palavras do apóstolo Paulo: "[...] se vocês comem, ou bebem ou fazem qualquer outra coisa, façam tudo para a glória de Deus" (1 Coríntios 10.31). Isto é, nossas ações devem manifestar a vida de Cristo para aqueles que não O conhecem ainda.

É fato que o mundo precisa ouvir as Boas Novas da salvação do Reino de Deus, só que muitos não têm a oportunidade ou interesse de ler a Bíblia, mas nós podemos apresentá-la através de nossas vidas. Afinal, certamente, Deus nos chama e conta conosco para transmitirmos as obras e, especialmente, o amor de Cristo por onde formos.

CUMPRIR a grande comissão é um compromisso a ser assumido por todo CRISTÃO

[perguntas]

Ao olhar para a sua vida, você pode afirmar que tem cumprido a Grande Comissão que Jesus deixou a nós?

De que forma você pode pregar o Evangelho sem usar palavras? Cite algumas atitudes, dons ou talentos a serem usados para fazer as Boas Novas da salvação e do Reino de Deus conhecidas.

_____ _____
_____ _____
_____ _____
_____ _____
_____ _____
_____ _____
_____ _____
_____ _____

UNÇÃO
unção

Parte 4
Preparação

Leia Mateus 6.6

Você já orou pedindo a Deus para ser cheia do Espírito Santo? Essa era a oração que eu mais fazia quando era adolescente. Eu percebia uma unção tão grande sobre algumas pessoas que, ao vê-las, era impulsionada a buscar o mesmo. E sabe o que Deus fez a respeito disso? Ele me ensinou sobre o poder do lugar secreto.

Observando a vida de homens e mulheres de Deus na Bíblia, eu pude reparar que Ele derramava Sua unção depois de eles terem desenvolvido uma relação profunda com o Senhor e antes de cumprirem os propósitos d'Ele para suas vidas. Isso, muitas vezes, acontecia enquanto ainda estavam em anonimato. Foi assim com Davi, que apascentava ovelhas no campo quando o chamaram para ungi-lo como rei (cf. 1 Samuel 16.11), e até com Jesus, que, antes de ser seguido por uma multidão, recebeu o Espírito Santo em Seu batismo (cf. Mateus 3.16).

É claro que o derramamento de unção se dá exclusivamente de acordo com a vontade e os propósitos do Senhor. Nós, porém, sabendo que dependemos d'Ele para tudo quanto realizarmos (cf. João 15.5), devemos buscá-lO e permanecer n'Ele. Assim, teremos nossas próprias experiências marcantes com Deus, seremos direcionadas e capacitadas ao destino que Ele tem para nós.

Eu não sei qual é o seu chamado, mas pode ter certeza de que o primeiro passo para que ele seja cumprido é estar em um lugar de intimidade com o Pai. Que você habite ali, esconda-se n'Ele e seja cheia do Espírito Santo, para realizar as obras que Ele confiou a você.

NOSSAS EXPERIÊNCIAS A SÓS COM DEUS TRANSFORMAM NOSSAS VIDAS E NOS CAPACITAM PARA CUMPRIR O DESTINO QUE ELE SEPAROU PARA NÓS.

JACÓ FICOU SOZINHO, E UM HOMEM LUTAVA COM ELE, ATÉ O ROMPER DO DIA. (GÊNESIS 32.24)

JACÓ DEU ÀQUELE LUGAR O NOME DE PENIEL, POIS DISSE: "VI DEUS FACE A FACE, E A MINHA VIDA FOI SALVA". (GÊNESIS 32.30)

A CAPACITAÇÃO DO ESPÍRITO SANTO PARA REALIZAR SEUS PROPÓSITOS NOS DISTINGUE DIANTE DAS PESSOAS, MESMO QUE SEJAM AUTORIDADES.

AO VEREM A OUSADIA DE PEDRO E JOÃO, SABENDO QUE ERAM HOMENS ILETRADOS E INCULTOS, FICARAM ADMIRADOS; E RECONHECERAM QUE ELES HAVIAM ESTADO COM JESUS. (ATOS 4.13)

SOMOS CHAMADOS POR DEUS PARA REFLETIR A SUA GLÓRIA EM MEIO ÀS TREVAS.

[...] MAS SOBRE VOCÊ APARECE RESPLANDECENTE O SENHOR, E A SUA GLÓRIA JÁ ESTÁ BRILHANDO SOBRE VOCÊ. (ISAÍAS 60.2)

[perguntas]

Você já sentiu falta de ser vista e escutada pelas pessoas? Convido você a colocar suas expectativas e frustrações diante do Senhor hoje mesmo, para que Ele cure as feridas do seu coração.

Sabemos que não existe atalho para se tornar uma pessoa cheia do Espírito Santo, mas que é necessário dedicar tempo de qualidade desenvolvendo uma relação com o Senhor. Diante disso, você está disposta a buscar um relacionamento mais profundo com Ele? O que a motiva a fazer isso?

IDENTIDADE
identidade

Parte 4
Missão

Leia 1 Samuel 17.37-40

Algo imprescindível na jornada de descobrir a sua missão é entender quem você é de verdade: sua identidade em Deus. Nesse processo, você precisa acreditar na unção específica que o Senhor liberou sobre a sua vida enquanto esteve em seu tempo sozinha com Ele.

Foi o que aconteceu quando Davi decidiu enfrentar Golias. Ele não fez isso "do nada", mas partiu de um contexto de experiências particulares com Deus. Como pastor de ovelhas, ele já tinha derrotado um urso e um leão, que tentaram atacar o rebanho de seu pai, matando-os com as suas próprias mãos, pela força do Deus vivo.

Sendo assim, quando ele se apresentou ao rei, disposto a lutar contra o gigante que insultava o povo de Deus, estava convicto de quem ele era [e quem Deus era] e sabia quais ferramentas deveria usar. Por isso, embora Saul tivesse tentado vesti-lo com as suas armaduras e disponibilizado suas armas, Davi ousou enfrentar Golias com uma funda, cinco pedrinhas e sua confiança no Senhor dos Exércitos, pois, eram essas armas que ele sabia usar (cf. 1 Samuel 17.32-47).

Portanto, descubra sua real identidade, posicione-se nela e esteja pronta para lutar corajosamente, depositando sua confiança em Quem a chamou! Não queira ser ninguém além de você mesma; acredite no que Deus colocou em **suas** mãos. Escolha usar o seu próprio dom, sua própria ideia e sua própria "arma", pois aquilo que o Senhor já lhe deu é mais que suficiente para que você possa cumprir o seu destino.

Posicione-se em sua REAL identidade e confiando no Senhor LUTE CORAJOSAMENTE

[perguntas]

Quais seriam as "roupas de Saul" em sua vida? O que você já tentou "vestir" até perceber que aquilo não era para você?

Agora, quais são as "armas" que Deus deu especialmente para você? Liste as características, dons, aptidões e todo recurso que você tem hoje para cumprir os propósitos do Senhor para sua vida.

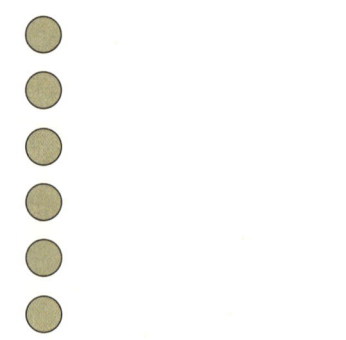

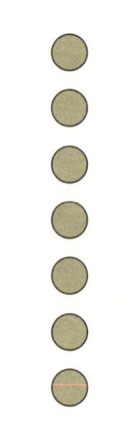

-
-
-
-
-
-
-

-
-
-
-
-
-
-

REINO
reino

Parte 1
Missão

Leia Mateus 5.14-16

Por muito tempo, pensei que estar em ambientes seculares era uma maldição. Eu pensava que, talvez, se eu não tivesse que frequentar a faculdade, com tantas pessoas que não conhecem a Cristo e têm um estilo de vida diferente do meu, eu estaria mais perto do Senhor e viveria realmente o que Ele tem para mim. Cheguei a acreditar que Deus até se agradava do meu desejo de estar sempre desligada do mundo ao meu redor.

Porém, à medida que amadurecia na fé, entendia que estar diariamente fora das quatro paredes da igreja não era um fardo, mas uma oportunidade para manifestar o Reino de Deus. Até porque, Jesus mesmo disse que somos a luz do mundo e que não se acende uma lamparina para escondê-la debaixo de um cesto. Pelo contrário, ela é colocada num lugar alto, para iluminar as trevas e ser vista.

Se fomos criadas para trazer luz, precisamos estar em lugares escuros. Do contrário, seríamos luz em vão. Não seria inútil levar uma lamparina acesa a um ambiente que já está bem iluminado? O lugar onde mais precisamos refletir o brilho do Espírito Santo não é entre os cristãos, mas entre aqueles que ainda não O conhecem.

Onde há alguém que ainda não ouviu as Boas Novas, ali é nosso campo missionário. Nesses lugares, devemos expressar o amor de Cristo e trazer a Verdade da Palavra, sem medo de mostrarmos quem somos e o que carregamos. Sendo assim, seja cheia do poder de Deus e vá, mundo afora, anunciando o Evangelho da salvação e do Reino.

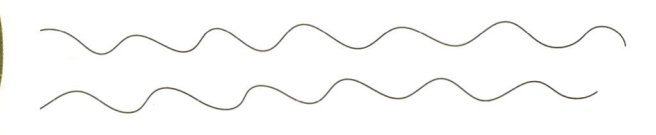

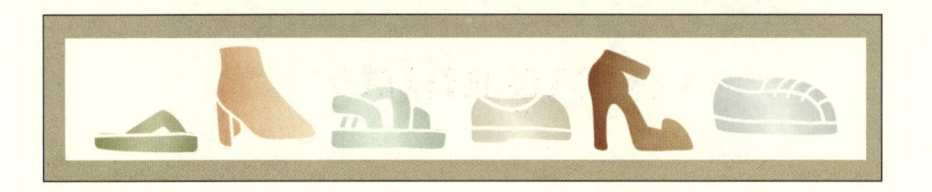

FOMOS COMISSIO-
NADAS POR JESUS
A ANUNCIAR O
EVANGELHO POR
ONDE ANDARMOS.

PELO CAMINHO, PREGUEM QUE ESTÁ PRÓXIMO O REINO DOS CÉUS. CUREM ENFERMOS, RESSUSCITEM MORTOS, PURIFIQUEM LEPROSOS, EXPULSEM DEMÔNIOS. VOCÊS RECEBERAM DE GRAÇA; PORTANTO, DEEM DE GRAÇA.
(MATEUS 10.7-8)

DEVEMOS VIVER DE
FORMA QUE GLO-
RIFIQUE A DEUS
ATRAVÉS DE UM
BOM TESTEMUNHO,
ASSIM, RESPLANDE-
CEREMOS A SUA LUZ.

AMADOS, PEÇO A VOCÊS, COMO PEREGRINOS E FORASTEIROS QUE SÃO, QUE SE ABSTENHAM DAS PAIXÕES CARNAIS, QUE FAZEM GUERRA CONTRA A ALMA, TENDO **CONDUTA EXEMPLAR NO MEIO DOS GENTIOS**, PARA QUE, QUANDO ELES OS ACUSAREM DE MALFEITORES, OBSERVANDO AS BOAS OBRAS QUE VOCÊS PRATICAM, GLORIFIQUEM A DEUS NO DIA DA VISITAÇÃO.
(1 PEDRO 2.11-12 - GRIFO DA AUTORA)

[perguntas]

Quando você está indo para algum ambiente onde a maioria das pessoas não compartilha de sua fé, você normalmente se sente animada ou desencorajada a ir? Por quê?

Sabendo que você nasceu para ser luz neste mundo, qual medo você precisa abandonar para cumprir o seu propósito?

CONSTÂNCIA
constância

Parte 4
Missão

Leia Mateus 25.1-13

Talvez umas das maiores dificuldades que temos em nossa vida de devoção a Deus seja permanecermos firmes através das diferentes estações pelas quais passamos. Eu gosto de comparar essa jornada a uma maratona. No início, é comum todos estarem animados e cheios de energia para correr. Alguns até começam com alta velocidade, cansando-se com o passar do tempo. Enquanto isso, outros avançam mais lentamente, porém de forma constante, e seguem focados na linha de chegada.

Algo semelhante acontece em nossa vida espiritual, pois, muitas vezes, queremos fazer várias coisas ao mesmo tempo e entregar o máximo de realizações ao Senhor. Contudo, se ultrapassarmos os limites saudáveis, logo nos encontraremos esgotadas. Por isso, ao mesmo tempo em que nos empenhamos em trabalhar firmemente para a expansão do Reino, devemos também ter o cuidado de encontrar um ritmo que não gerará exaustão em nós a médio ou longo prazo.

Inclusive, sermos fiéis e constantes nas pequenas coisas, dia após dia, como Jesus nos ensinou com a parábola das dez virgens, é o que garantirá nosso encontro com o Noivo. Entretanto, a falta de disciplina, sabedoria e permanência pode nos custar caro e atingir muitos aspectos de nossa vida — não somente o espiritual.

Sabendo disso, lembre-se de seguir um ritmo adequado, para que possa ser constante rumo ao alvo, isto é, continuar realizando os propósitos do Senhor até que Ele venha. Mantenha-se em santidade e com a chama acesa, sem deixar que o óleo se acabe, consciente de que, um dia, finalmente iremos habitar com Ele em nossa Pátria Celestial (cf. Filipenses 3.14-21). Nessa maratona, cuide para não perder o fôlego, sendo sempre fiel ao Amado.

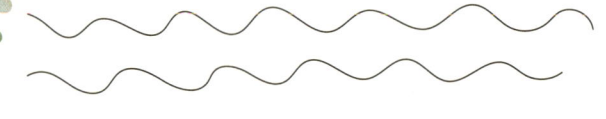

·NOSSO·

FOCO

é o Senhor, continuaremos realizando seus propósitos na terra até que Ele venha

[perguntas]

Você ainda se pega agindo de maneira imediatista ou tem caminhado com a consciência de que nossa jornada com Cristo é como uma longa maratona? Quais os indícios disso?

CHEGADA

O que representaria para você, hoje, os pequenos hábitos saudáveis que indicam seu cuidado para manter sua "chama acesa"?

Partindo do entendimento acerca da importância de sua rotina simples e diária, o que você percebe que precisa ser repensado e ajustado?

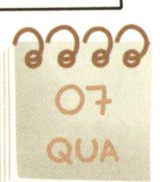

07 QUA

CARTAS DAS *autoras*

Algo poderoso acontece quando nos dispomos a formular, com as nossas próprias palavras, o que está em nosso coração e direcionamos isso a alguém. É diferente de qualquer outro gesto ou forma de expressão, porque, escrevendo, temos a oportunidade de eternizar o que estamos pensando e sentindo em determinado momento, e de forma bastante exclusiva e pessoal.

Sabendo disso, cada uma de nós preparou uma carta para você, querida leitora. Pedimos para que abra o coração a fim de que possa sentir nosso carinho nas páginas seguintes.

Querida leitora,

Toda transformação em nossas vidas, parte do princípio de que encontramos algo verdadeiro que moldará nossas convicções. E no que diz respeito à salvação, há apenas **uma** verdade: o Evangelho de Cristo.

Entendo que, muitas vezes, lidar com a realidade dói, constrange, mexe conosco e pode até nos fazer chorar, ao mesmo tempo em que nos enche de esperança. Mas é a verdade que nos liberta! Foi isso que Jesus afirmou a Seus discipulos enquanto os orientava a viverem de acordo com Suas palavras (cf. João 8.31-32).

Acredito que este livro a instigou a diversas descobertas e sensações à medida que lia sobre os ensinamentos de Cristo na Palavra. Sendo assim, tenho um pedido: continue com seu coração aberto e deixe o Espírito Santo de Deus conduzi-la a níveis cada vez maiores de liberdade n'Ele, para viver sendo transformada de glória em glória e cada vez mais apaixonada pelas Escrituras.

O que desenvolvemos até agora foi incrível, então eu a aconselho a aproveitar esse embalo e manter-se disciplinada, planejar um momento diário a sós com o Senhor e não se acomodar em momento algum. Continue investindo na construção de uma vida de devoção real a Deus, dedicando-se sempre a buscar Sua presença. Você, com certeza, irá encontrá-lO (cf. Jeremias 29.13).

Pronta para viver ainda mais coisas sobrenaturais com o Senhor? Espero, de coração, que sim, e que desfrute de tudo o que Ele reservou para você.

Com carinho,

Carissa Estrada

Cara leitora,

Como me alegro com o fato de você ter chegado até aqui! Parabéns por sua disciplina e constância nestes últimos dias. Com certeza, o Pai está orgulhoso de você. Sei que nem sempre é fácil nos dedicarmos às disciplinas espirituais, mas valerá a pena ter escolhido permanecer. Estou convicta de que esse período de busca intencional lhe trouxe muitos aprendizados e de que você está levando uma bagagem preciosa depois de tudo que leu neste livro. Mas, posso contar uma coisa? Tudo isso é só o começo!

Seu compromisso com o Senhor não acaba aqui. Pelo contrário, ele se inicia. Deus quer estar com você no Secreto todos os dias de sua vida, até que possam se encontrar na eternidade. Assim como Ele fazia com Adão e Eva (cf. Gênesis 3.8), continua ansiando por um encontro diário com cada uma de nós. Esses momentos serão o que, muitas vezes, manterão você de pé, firme e "abastecida" para seguir sua jornada, por isso não os negligencie. Meu desejo é que este livro tenha encorajado você a tornar essa prática de devoção algo permanente em sua vida e que você continue constantemente buscando a presença de Deus.

Saiba que momentos difíceis virão. Afinal, eles fazem parte da vida. Não foi à toa que Jesus nos alertou, dizendo: "[...] no mundo, vocês passam por aflições [...]" (João 16.33). Mas lembre-se de que, no mesmo versículo, Ele também disse: "[...] mas tenham coragem: eu venci o mundo". Deus já empoderou você, enviando Seu próprio Espírito para viver em seu interior.

Você já tem tudo o que precisa para vencer o mundo se estiver n'Ele. Portanto, não desanime, o Pai escreveu uma linda história para a sua vida e você já está caminhando em direção a ela. Faça bom uso das armas que recebeu aqui (as palavras, revelações e ensinamentos) e, pela força que encontrará n'Ele, você será bem-sucedida em tudo o que fizer. Você está liberada para viver as promessas de Deus. Não tenha medo, pois Ele é contigo!

Com carinho,

Querida leitora,

Foi uma honra e alegria poder repartir com você algumas de minhas experiências com Deus e Sua Palavra. Por muitos anos, tirava meu tempo de devocional – momentos dos meus dias reservados a buscá-lO – apenas pelo compromisso que assumi de cumprir as disciplinas espirituais. Mas, à medida que me mantinha fiel a isso, vivi uma transição, em que sai desse *status* e passei a desfrutar de um relacionamento genuíno com o Senhor.

Experimentar Deus Pai declarando Suas verdades a mim através da Palavra foi algo que mudou minha vida. Além disso, toda vez que a lia, eu me relacionava mais profundamente com Jesus, o Verbo, e com o Espírito Santo, que, com gentileza e firmeza, trazia vida e revelação a cada palavra.

Essas leituras enchiam meu coração, alma e espírito, e foram me transformando, uma vez que me traziam conhecimento, direção e sabedoria. Com receio de esquecer, decidi anotar todas as coisas que Ele me falava, por isso, acabei colecionando vários cadernos de histórias com a Trindade!

Justamente por essa razão, fiquei tão feliz por poder impulsioná-la a buscar ao Senhor no Lugar Secreto e encorajá-la a anotar as suas próprias experiências com Deus, durante seu tempo de devocional, por meio dessa obra interativa.

Ele está escrevendo uma história com você, que irá abençoar tanto a sua geração como as outras que virão, pois a Palavra de Deus permanecerá para sempre. Então, continue aproveitando seu tempo com Ele e registrando, como um memorial, todas as revelações que Deus Pai, Jesus e o Espírito Santo derem especialmente a você.

Com amor,

Priscila Tae

Querida leitora,

Não tenha medo de viver grandes aventuras com o Senhor. Aceite corajosamente Seu convite ao desconhecido. Até porque, não há como viver com Jesus e não acabar, em uma hora ou outra, tendo uma experiência extraordinária.

Nessa grande aventura, Ele nos pede para entregarmos toda a bagagem pesada que estava nos aprisionando, a abrir mão do controle e a viver de forma ousada. Mas, não se preocupe, Jesus será o nosso guia e eterno companheiro de viagem. Não haverá um dia sequer em que nos encontraremos sozinhas neste trajeto.

Se, porém, uma pedra aparecer em seu caminho e você chegar a tropeçar, não desista! Levante-se e continue — e se não tiver forças para isso, não hesite em pedir socorro ao Senhor. Ele nos prometeu que jamais iria nos deixar ou abandonar (cf. Hebreus 13.5).

Se, por instantes, você chegou a cogitar que a sua vida não tem significado algum, eu quero lhe dizer, com toda confiança e convicção, que Deus tem um propósito para você e um plano para seu futuro. E compartilhar esta jornada com Ele é o primeiro passo para viver essas coisas. Jesus nos chama para segui-lO, caminharmos no estreito caminho que nos leva a um destino glorioso em Sua presença.

Contudo, jamais se esqueça de que não há como nos tornarmos merecedoras de Seu amor por meio de nossas obras, da mesma maneira que não há como perder esse amor (cf. Romanos 8.38-39).

Saiba que Deus não criou você para que tivesse uma vida medíocre, e muito menos para que vivesse como um "zumbi" aqui na Terra. Então, chegou o momento: entregue ao Senhor toda a bagagem pesada que carregou até agora, abra mão do controle e viva com ousadia os sonhos d'Ele para a sua vida.

Com amor,

Thays Lessa

ESCREVA SUA *carta*

Temos certeza de que o Senhor falou a você coisas incríveis e transformadoras enquanto acompanhava as páginas deste diário. Por isso, agora que seu coração está cheio, nós a convidamos para fazê-lo transbordar. Afinal, como o Mestre nos ensinou: "[...] Mais bem-aventurado é dar do que receber" (Atos 20.35).

Sendo assim, propomos que você compartilhe com alguém, por meio de uma carta, o que sentiu ao atravessar essa jornada. Afinal, nesta era tão digital em que vivemos, parar para escrever algo de próprio punho é realmente especial. Use a página seguinte para fazer isso e, ao terminar, pergunte a Deus a quem você deve entregá-la.

Lembre-se de orar para que o Espírito Santo vá ao encontro dessa pessoa, pois estamos convictas de que a leitura desta carta poderá acender uma chama no coração dela, e incitar esse "fogo" que está em suas mãos.

CONSIDERAÇÕES *finais*

Não chegamos ao fim. Sim, trilhamos diariamente um caminho incrível e bem criativo ao longo de todas estas páginas. Contudo, a esta altura, você, com certeza, já entendeu que a nossa busca por conhecimento de Deus nunca acaba ou se esgota. Percorremos um pequeno trecho juntas, mas existe uma infinidade de novas revelações do Senhor a serem descobertas e registradas de uma forma tão peculiar que está somente em suas mãos realizá-las. Pode ser através de ilustrações, frases, esculturas, ou como mais lhe agradar, mas continue a expressar aquilo que Ele coloca em seu coração.

Agradecemos, com todo o nosso amor, sua coragem de permanecer nesse processo, apesar de tantas coisas que surgiram na tentativa de causar desânimo ou fazê-la desistir. Você venceu tudo isso e não vai parar aqui. Que, em seu coração, a paixão pela Palavra seja cada vez maior e nunca se apague, e a vida de Cristo em você seja expressa em tudo quanto suas mãos tocarem e seus pés pisarem. Sua jornada é única, e este é só o começo.

Este livro foi produzido em Mrs Eaves Serif 10
e impresso pela Gráfica Promove sobre papel
Pólen Natural 70g para a Editora Quatro Ventos
em junho de 2023.